AF250013

TRIOMPHE

DE

LA SALETTE

PARIS. — TYP. ADRIEN LE CLERE, RUE CASSETTE, 29.

« Eh bien ! mes enfants,
« vous le ferez passer à
« tout mon peuple »
C. Ferun del.

TRIOMPHE

DE

LA SALETTE

OU

SOLUTION DES OBJECTIONS LES PLUS SPÉCIEUSES

CONTRE

LA SALETTE

PAR J.-A. MARMONNIER.

Annuntiate hoc in universâ terrâ.
ISAÏE, XII, 5.
Annoncez cela dans toute la terre.

PARIS

LIBRAIRIE ADRIEN LE CLERE ET Cie,

IMPRIMEURS-LIBRAIRES DE N.-S.-P. LE PAPE ET DE L'ARCHEVÉCHÉ DE PARIS,

rue Cassette 29, près Saint-Sulpice.

—

1856.

CHER LECTEUR,

Je viens réclamer de vous une faveur, c'est de lire avec bienveillance ce petit livre jusqu'au bout, et si vous en trouvez les raisonnements bons, vrais et concluants, de vous joindre à moi pour exalter la puissance et la bonté de celle que nous aimons à saluer, tous les jours, pleine de grâces devant Dieu, et pleine de tendresse pour tous les hommes.

« *Ave, gratiâ plena,*
» *Ora pro nobis.*
» *Nunc et in horâ mortis nostræ.*
» *Amen.* »

Agréez l'assurance du profond respect

De votre très-humble et tout
dévoué serviteur,

J. A. MARMONNIER.

Succieu, 8 décembre 1854.

PRÉFACE.

D'où me vient ce bonheur que la Mère de mon Dieu daigne me visiter, s'écria dans un grand transport d'étonnement et d'admiration la mère du plus grand des enfants des hommes, Élisabeth, mère de Jean-Baptiste, en voyant entrer chez elle la plus humble et la plus pure des vierges, Marie, sa cousine, portant dans son sein, comme dans un auguste tabernacle, le Fils de Dieu, devenu aussi fils de l'homme ! Oh ! qui pourrait dire tout ce que la visite de Marie valut de bénédictions à la maison de Zacharie et de sa vertueuse épouse !

Marie, ayant conçu par l'opération du Saint-Esprit son Sauveur et le nôtre, commence auprès de ses plus proches parents la mission de charité qu'elle continuera désormais jusqu'à la fin du monde, à l'égard de tous les hommes, et qu'elle est venue de notre temps accomplir d'une manière si admirable sur une de nos montagnes. Elle va visiter sa cousine Élisabeth pour sanctifier le Précurseur du Messie et se livrer avec cette sainte parente aux doux transports de la reconnaissance envers celui qui les a choisies pour accomplir des œuvres de miséricorde envers les hommes.

Marie vient visiter la France pour l'engager à pleurer ses péchés et à désarmer par la pénitence le bras de son Fils étendu et prêt à la frapper; et c'est pour cela qu'elle verse des larmes abondantes sur la montagne. Mais ni ses larmes, ni ses paroles accompagnées de menaces ne doivent nous empêcher de nous écrier avec Élisabeth : D'où nous vient cette faveur, et qui sommes-nous pour mériter que Marie daigne penser à nous, veuille bien nous visiter?

D'où nous vient ce bonheur, ont dû s'écrier tous les heureux habitants de la petite paroisse de la Salette, au 19 septembre 1846, que la Reine du Ciel, la Mère du Rédempteur, daigne descendre parmi nous, pour nous faire entendre sa voix et nous exciter par ses larmes à pleurer nos péchés?

D'où nous vient ce bonheur, ont dû s'écrier avec eux

les autres habitants du diocèse, que notre auguste
Patronne, qui est aussi la Patronne de la France,
daigne nous honorer d'une si grande faveur !

D'où nous vient cette nouvelle grâce, ont dû
s'écrier tous les catholiques de l'univers, que Marie
soit venue visiter son peuple sur la terre d'exil pour
lui parler le langage d'une mère que les malheurs
de ses enfants attendrissent jusqu'à lui faire répandre des larmes !

Oui, certainement, l'apparition de la Reine des
cieux sur les Alpes, avec les insignes de la passion
du Sauveur, a dû faire tressaillir de bonheur ces
montagnes, et mettre en mouvement l'Orient et
l'Occident, pour venir contempler cette merveille.
Ainsi, rien d'aussi naturel, d'aussi juste que ce
mouvement universel, qui a dirigé vers la sainte
montagne ces millions de pèlerins de toutes les
conditions et de tous les pays.

Mais qui aurait jamais pensé que dans ce concours
immense des peuples il se serait rencontré des
hommes qui ont osé combattre l'Étoile de la Salette;
comme s'ils avaient intérêt à nier cette insigne
faveur et à repousser ses salutaires avertissements ?

Plaignons cette classe d'hommes *inconnus*, comme les appelle N. S. P. le Pape; mais en les plaignant, mettons les âmes simples et de bonne foi en garde contre leurs sophismes et leurs calomnies. Montrons que tous les nuages que les ennemis de la Salette ont assemblés autour de son étoile, n'ont que mieux fait éclater au loin ses rayons lumineux.

C'est ce que nous espérons faire avec l'aide de Marie, dans la solution des vingt-six objections, plus spécieuses que solides, qui ont été faites contre cet *événement*.

AVIS AU LECTEUR.

L'événement de la Salette a pour lui une multitude innombrable d'adhérents qui y croient, mais il a aussi un grand nombre d'opposants qui n'y croient pas. Pourquoi cette diversité d'opinions? Ou l'événement de la Salette est vrai, ou il est faux, il n'y a pas de milieu. S'il est vrai, la sainte Vierge a dû l'entourer de circonstances assez graves, de preuves assez solides pour persuader tout homme raisonnable, sensé et impartial. S'il est faux, la sainte Vierge, qui a toujours été à la tête de l'Eglise comme un flambeau qui nous montre la vérité au milieu des ténèbres du monde, doit pareillement avoir à cœur de confondre la fourberie de ceux qui l'ont fait descendre du ciel pour tromper ses enfants.

Par conséquent si le fait de la Salette est faux, il ne pourra se soutenir devant une discussion franche, solide et impartiale : et s'il est vrai, il surmontera tous les efforts de l'opposition pour l'anéantir.

Vrai ou faux, le fait de la Salette ne doit être admis, ou repoussé par l'homme sensé qu'après un mûr examen; ce qui suppose toujours une discussion sérieuse.

Peut-être, en nous lisant, pourrait-il venir à l'esprit de quelqu'un de nous accuser d'avoir des paroles trop sévères pour ceux qui combattent ce fait; mais nous prions le lecteur de croire que si dans la chaleur de la discussion nous avons parfois le verbe un peu sévère, ce n'est que vis-à-vis de ceux qui attaquent cet événement d'une manière peu loyale, c'est-à-dire, par des raisonnements repoussés par la saine raison et par la charité chrétienne. Quant à ceux qui ne croient pas à la Salette, parce qu'ils n'en ont jamais étudié les preuves, nous sommes plein de respect pour eux, et nous les chérissons comme des frères. Puisque le fait de la Salette n'est point un fait qui regarde le dogme de la foi, tout homme est libre d'y croire, ou de ne pas y croire. Ainsi dans aucune circonstance le fait de la Salette ne doit être un mur de division entre des frères qui se respectent et qui s'aiment en Notre-Seigneur Jésus-Christ.

Mais ni l'amour de la vérité, ni la charité fraternelle ne nous défendent d'avoir parfois, comme saint Paul, des paroles d'indignation, ou même d'anathème pour ceux qui combattent la vérité de mauvaise foi, qui y résistent pour le plaisir de faire triompher le mensonge, et qui souvent emploient pour cela les procédés les plus indignes.

Voilà, cher lecteur, ce dont nous vous prions de bien vous souvenir en nous lisant, quelle que soit d'ailleurs votre manière d'envisager cet événement qui fait encore tant de bruit dans l'univers. Et peut-être après nous avoir lu avec attention et à tête reposée, serez-vous, comme nous, étonné qu'on ait pu traiter ce fait d'*illusion puérile*, ou de *jonglerie sacrilége*.

TRIOMPHE

DE LA SALETTE

HISTOIRE

D'UNE

APPARITION A LA SALETTE.

Le samedi 19 septembre 1846, veille de la fête de Notre-Dame-des-sept-Douleurs, une belle et grande Dame, sous un costume riche et brillant, apparut à deux bergers sur une montagne des Alpes, dite *Sous-les-Baisses*, appartenant à la commune de la Salette, du diocèse de Grenoble, dans le département de l'Isère, en France.

Ces deux bergers, à commencer par le plus âgé, sont:

Une jeune fille âgée de seize ans, appelée Françoise-Mélanie Mathieu, née à Corps, le 7 novembre 1831, de parents très-pauvres; alors en service depuis le mois de mars 1846, chez Baptiste Pra, propriétaire cultivateur aux Ablandins, commune de la Salette; attachée à la garde de quatre vaches, qu'elle menait paître chaque jour dans un champ appartenant à son maître, situé sur le versant du midi de la montagne des *Baisses* au nord de la Salette:

Et un petit garçon, âgé de douze ans, appelé Pierre-Maximin Giraud, né aussi à Corps, le 27 août 1835, de parents pauvres exerçant la profession de charron; alors en service depuis le 14 septembre 1846, chez Pierre Selme, petit fermier cultivateur au même hameau des Ablandins; chargé par son maître de remplacer provisoirement son domestique malade depuis quelques jours pour la garde de ses quatre vaches, que Maximin conduisait tous les jours dans un champ que son maître avait au mas des *Baisses*, tout près de celui de Baptiste Pra, chez qui demeurait la petite Françoise-Mélanie Mathieu.

COMMENT A EU LIEU L'APPARITION.

Le 19 septembre 1846, Mélanie et Maximin, après avoir mangé la soupe et garni leurs petits sacs des provisions accoutumées, pour n'être pas obligés de redescendre de la montagne avant la fin du jour, conduisirent comme à l'ordinaire, leurs vaches sur la montagne dite aux *Baisses*, par un temps magnifique, sous un ciel pur et sans nuage.

Vers les onze heures ou onze heures et demie, Pierre Selme, qui avait accompagné ce jour-là comme d'habitude le petit Maximin à la montagne, soit pour cultiver son champ, soit aussi pour surveiller son nouveau berger dans la crainte qu'il ne laissât ses vaches s'approcher de trop près des ravins escarpés que présente cette montagne, lui dit de mener ses vaches boire à une petite source appelée *la Fontaine des Hommes*, située dans un petit ravin sur le versant nord de la montagne *aux Baisses,* dont nous venons de parler. Cet enfant lui dit alors : « Je vais appeler la petite Mélanie pour venir avec moi. »

Les deux bergers montèrent donc ensemble pour faire boire leurs huit vaches et une petite chèvre ; mais ils ne revinrent plus ce jour-là se replacer comme les jours précédents sous les yeux de leurs maîtres dans leur champ respectif. Après avoir fait boire leurs vaches et après avoir goûté, ils s'endormirent contre leur ordinaire à quelque distance l'un de l'autre tout près d'une autre fontaine alors entièrement tarie, située dans le même ravin, mais à quelques pas au-dessous de celle dite *des Hommes*.

Entre les deux ou trois heures après midi, Mélanie s'éveilla la première, et n'apercevant point leurs vaches, elle courut éveiller Maximin. Tous deux s'empressent de traverser le petit ruisseau appelé le *Sézia*, coulant du nord au midi, pour remonter le tertre opposé du côté du levant, lequel forme le plateau qui relie la montagne *Sousles-Baises* avec le mont *Gargas*, qui est le point le plus élevé au nord de la Salette. (Le mont Gargas s'élève encore à une hauteur de 1218 pieds au-dessus de la terrasse *Sous-les-Baisses*, qui est déjà à 5412 pieds au-dessus du niveau de la mer, ce qui donne 6630 pieds d'élévation au mont Gargas au-dessus de la mer).

Arrivés à ce point d'observation ils se retournent vers le nord et voient leurs vaches couchées sur une pente adoucie du mont Gargas. Rassurés, les deux bergers se mettent à redescendre dans le ravin pour aller prendre leurs sacs qu'ils avaient déposés vers la fontaine alors à sec, auprès de laquelle ils s'étaient endormis.

En redescendant, et lorsqu'ils ne sont plus éloignés que

d'environ six pas du ruisseau , Mélanie voit la première une clarté éblouissante et dit avec un ton d'admiration : « *Maximin, viens vite voir une clarté là-bas.* »

Maximin descend à la hâte en disant : « *Où est-elle ?* »

Alors les bergers voient cette clarté éblouissante s'ouvrir, pour laisser apercevoir une Dame la tête dans ses mains, assise sur une pierre superposée sur d'autres débris de rochers indiquant une fontaine alors tout à fait à sec.

Une frayeur involontaire s'empare des enfants. Mélanie laisse tomber son bâton en s'écriant : « *Ah ! mon Dieu !* » Maximin lui crie : « *Garde ton bâton, va ; moi je garde le* » *mien : si elle nous fait quelque chose , je lui donnerai un* » *bon coup de bâton.* »

En ce moment la Dame se lève , croise les bras et dit aux bergers : « *Avancez, mes enfants, n'ayez pas peur ; je* » *suis ici pour vous conter une grande nouvelle.* »

A ces mots les enfants n'ont plus eu peur. Ils repassent sans crainte le ruisseau du *Sézia* pour s'approcher de la belle Dame, qui elle même de son côté s'avance de quelques pas vers l'endroit où les enfants s'étaient endormis ; et là debout, les mains cachées dans les plis des manches de sa robe, cette belle et grande Dame tient avec eux pendant environ une demi-heure une conversation dont nous avons mis les paroles à la tête de cet ouvrage, pour les livrer aux méditations du pieux lecteur, et que nous répétons à la douzième objection, pour en mieux faire envisager la noblesse et la haute portée.

Pendant leur entretien Mélanie et Maximin étaient placés en face de la belle Dame, et tous deux la touchaient presque. La belle Dame leur parle tout le temps sur le ton et dans l'attitude d'une profonde tristesse, et tout le long de son discours elle laisse apercevoir d'abondantes et grosses larmes.

Après son entretien la belle Dame, dont nous décrivons le costume à la quatorzième objection, page 87, franchit le ruisseau, se dirigeant vers le sud-est à trente-cinq mètres environ du lieu de l'apparition, marchant sans toucher la terre et sans faire fléchir par le poids de son corps l'herbe de la montagne, qui pouvait avoir alors deux centimètres de hauteur. Arrivée sur le plateau dit *Sous-les-Baisses*, à l'endroit où les bergers étaient allés en observation pour voir leurs vaches, la Dame s'arrête, s'élève à la hauteur d'un mètre au-dessus du sol, jette un regard vers le ciel, puis sur la terre, puis vers toutes les parties du monde, et le visage tourné vers l'Orient elle laisse disparaître sa tête, puis ses bras, puis enfin ses pieds; et les enfants n'aperçoivent plus qu'une clarté éblouissante, qui va en diminuant insensiblement et que le petit Maximin s'efforce en vain de saisir d'une main au moment où il l'a voyait disparaître tout à fait.

Les deux bergers avaient suivi la belle Dame dans son ascension vers le plateau au-dessus du ravin : Mélanie avait passé devant elle, et Maximin la suivait à deux ou trois pas seulement.

Alors Mélanie dit à Maximin : « *Je crois bien que cette* » *Dame est une sainte. Si je l'avais su*, reprit Maximin, » *je l'aurais priée de nous emmener avec elle.* »

Les enfants restèrent donc frappés d'étonnement et pleins d'un délicieux contentement. Après s'être entretetenus l'un et l'autre de tout ce qu'ils avaient vu et entendu, les deux bergers retournèrent à la garde de leurs troupeaux, et ne se rencontrèrent plus ce jour-là que le soir à leur retour des champs.

Lorsque les bergers furent rentrés à la maison, leurs maîtres remarquant qu'ils avaient l'air tout préoccupés, leur demandèrent ce qu'ils avaient, et pourquoi ils n'étaient pas revenus à leurs champs aussitôt après avoir fait boire leurs vaches. Les enfants répondirent qu'ils avaient vu une belle Dame, qui leur avait parlé longtemps, et qui leur avait recommandé de faire savoir à son peuple ce qu'elle leur avait dit.

Après avoir entendu le récit de ces deux enfants, leurs maîtres leur conseillèrent d'aller le lendemain le raconter à monsieur le Curé de la paroisse; ce qu'ils firent avec empressement le lendemain matin.

M. l'abbé Perrin, alors curé de la Salette, fut si frappé du récit des deux enfants, qu'il en fit le sujet de son prône ce jour-là même à la messe en versant des larmes.

Après l'apparition, Mélanie est restée au service de Baptiste Pra jusqu'au commencement de décembre 1846. Pour Maximin, il fut reconduit le lendemain 20 septembre auprès de son père à Corps, comme cela avait été convenu entre le père Giraud et Pierre Selme; et il n'est plus revenu au pays de la Salette que pour y accompagner quelques-uns des innombrables pèlerins que son récit y a amenés depuis.

Telle est l'histoire abrégée de cette apparition devenue si célèbre, et qui s'est répandue avec la rapidité de l'éclair dans l'univers entier.

Un très-grand nombre de personnes ont vu dans ce fait une admirable faveur du Ciel, un miséricordieux avertissement, une menace salutaire, enfin une marque de salut au moment où toute la société roulait à grands pas vers l'abîme.

D'autres n'y ont vu qu'une pure allucination ou illusion ; d'autres une supercherie ou jonglerie ; d'autres enfin, une absurdité puérile et même révoltante.

Voyons de quel côté est la vraisemblance. C'est ce que nous désirons faire dans l'examen des objections les plus spécieuses qu'on a imaginées contre ce grand événement.

Nous ferons précéder cet examen par le texte du discours de la belle Dame, et par la copie d'une lettre autographe de M. Gerin, curé de la cathédrale de Grenoble, qui fut choisi avec M. Rousselot, chanoine et professeur de morale au grand séminaire à Grenoble, pour porter ensemble les secrets des bergers de la Salette au souverain Pontife Pie IX.

DISCOURS

DE LA BELLE DAME

DICTÉ PAR MÉLANIE MATHIEU

A J. A. MARMONNIER, SUR LE LIEU MÊME DE L'APPARITION, EN PRÉSENCE
DE TROIS PRÊTRES, DE CINQ LAÏQUES
ET DU PETIT MAXIMIN GIRAUD, LE 5 AOUT 1847.

« Avancez, mes enfants, n'ayez pas peur; je suis
» ici pour vous conter une grande nouvelle.

» Si mon peuple ne veut pas se soumettre, je suis
» forcée de laisser aller la main de mon Fils. Elle est
» si lourde et si pesante, que je ne puis plus la
» maintenir.

» Depuis le temps que je souffre pour vous autres!
» Si je veux que mon Fils ne vous abandonne pas,
» je suis chargée de le prier sans cesse; que pour
» vous autres, vous n'en faites pas cas!

» Vous aurez beau prier et beau faire, jamais vous
» ne pourrez récompenser la peine que j'ai prise
» pour vous autres!

» J'ai donné six jours pour travailler, je me suis
» réservé le septième; on ne veut pas me l'accorder.

» C'est ça qui appesantit tant la main de mon Fils.

» Aussi ceux qui mènent les charrettes, ne savent

» pas jurer sans y mettre le nom de mon Fils au mi-

» lieu. Ce sont les deux choses qui appesantissent

» tant la main de mon Fils.

» Si la récolte se gâte, ce n'est rien que pour vous

» autres ; je vous l'ai fait voir l'année passée par les

» pommes de terre, et vous n'y avez pas fait cas. Au

» contraire, quand vous en trouviez de gâtées, vous

» juriez, et vous y mettiez le nom de mon Fils au

» milieu. Elles vont continuer, que cette année à la

» Noël il n'y en aura plus.

» Ah ! vous ne comprenez pas, mes enfants, je

» m'en vais vous le dire autrement :

Original en patois du pays : » Si la truffa

Si la pomme de terre

» se gastou, rien que paour vous aoutrê ; vous

se gâte, rien que pour vous autres ; je vous

» aou fê vaï l'an passa par la truffa ;

l'ai fait voir l'an passé par la pomme de terre ;

» nia pas fê cas. Allo contraîro, quand n'en

vous n'y avez pas fait cas. Au contraire, quand vous en

» troubava de gasta, djurava, lou bitava lou nom
trouviez   de gâtées,   vous juriez, vous mettiez le   nom

» de mon Fils au maï.   Van   continua que kè
de mon Fils au   milieu. Elles vont continuer, que   ce

» teimps per Tschaleinda ni   oura plus.
temps   pour la Noël   il n'y en aura plus.

» Si ava   de bla, faou   pas lou semena :
Si vous avez de blé,   il ne faut pas le   semer :

» tout ce que semenarein, las bestias l'ou
tout ce que vous sèmerez, les bêtes   le

» meindjiarein, et ce que veindra, tombara tout
mangeront,   et ce qui viendra, tombera   tout

» en poussiéra.
en poussière.

» Veindra ina granda famina. D'avant que la
Viendra une grande famine. Avant   que la

» famina vêne, lou marinous maris au-dessous
famine   vienne, les petits   enfants au-dessous

» de sept ans, prendrein un tremble et muriront
de sept ans prendront un tremblement et mourront

» entre las mas de kèlou que l'ou taindron; et
entre les mains de ceux qui les   tiendront; et

» lous aoutré farein lour pénitensa de fam.
les   autres   feront leur pénitence   par la faim.

» La nougé veindra   boffa,   lou rasins purirein.
Les noix   deviendront mauvaises, les raisins pourriront.

» Si se convertisson, la pêra, lou routsa veindra
S'ils se convertissent,   les pierres, les rochers deviendront

» de moutéou de bla, et la truffa   se
des monceaux de blé,   et la pomme de terre se

» troubarein einsemeinsa per la terra.
trouvera   ensemencée   par les terres.

» Fasa   bien votra prièra, mou maris?
Faites-vous bien   votre   prière,   mes   enfants?

» Pas gaïre, Madama.
Pas guère, Madame (*répondent les enfants*).

» Faou bian la fare, mou maris. Quand vous
Il faut bien la faire, mes enfants. Quand   vous

» n'ouré pas lou teimps, soulaman dire un *Pater*
n'aurez pas le   temps,   seulement dire un *Pater*

» è oun *Ave Maria;* et quand ouré   lou teimps,
et un *Ave Maria;* et quand vous aurez le   temps,

» ·n'en maï dire.
en plus dire.

» Vaï que kaouqua féna aou pou diadje à
Il ne va que quelques femmes d'un peu d'âge à

» la messa; et lous aoutré traballoun tout l'estiou
la messe; et les autres travaillent tout l'été

» la dimentsa. Et l'hiver, quand sabaon pas
les dimanches. Et l'hiver, quand ils ne savent pas

» que fare, van à la messa riein que per se
que faire, ils vont à la messe rien que pour se

» mouqua de la relidjion. La caraïma van à
moquer de la religion. Le carème ils vont à

» la boutsaria comme lou tsins.
la boucherie comme les chiens.

La Dame s'adressant au petit Maximin : « Na va

N'avez-

» dzin vegu de bla gasta, mou mari ? Non,
vous pas vu de blé gâté, mon enfant? Non,

» Madama, *répond Maximin.*
Madame.

» Nein deva bian avé vegu, vous mou mari,
Vous en devez bien avoir vu, vous mon enfant,

» un viadje vers lou Coin imbe vaoutre païre. Lou
une fois vers le Coin avec votre père. Le

» mestre de la péça disia à vaoutre païre : Vena
maître de la pièce dit à votre père : Venez

» veyre mou bla gasta. Lé anéra, pringuera
voir mon blé gâté. Vous y allâtes, vous prîtes

» dous treis espias de bla, la frétera dia voutra
deux ou trois épis de blé, le frottâtes dans vos

» ma, tsinguet tout en poussiera.
mains, ils tombèrent tout en poussière.

» Vous n'eintournéra; quand era dimia
Vous vous en retournâtes; quand vous fûtes à demi-

» oura di Couarpe, vaoutre païrou vous donnè
heure de Corps, votre père vous donna

» ouna peça de pan ein vous disan : Tè, mou
un morceau de pain en vous disant : Tiens, mon

» mari, mindja ienca de pan; seou pas qui
enfant, mange encore du pain; je ne sais pas qui

» n'ein va mindja l'an que vint, si lou bla
en va manger l'an qui vient, si le blé

continua comma koa.
continue comme ça.

Maximin répond : « Oh! si, Madama, m'en
Oh, oui, Madame, je m'en

» rappellou avus, adès me n'en rappella-
souviens à présent, tout à l'heure je ne m'en souvenais

» vou pas.
pas.

La Dame finit par ces mots : « Eh bien, mes enfants, vous le ferez passer à tout mon peuple.

*La Dame quitte les enfants, passe le ruisseau et à
deux pas loin du ruisseau elle répète sans se retourner :* « Eh bien, mes enfants, vous le ferez passer à
tout mon peuple.

LETTRE DE M. GERIN,

CURÉ DE LA CATHÉDRALE;

après son retour de Rome, du 4 septembre, 1851.

« M. Rousselot et moi nous étions aux pieds de Sa Sainteté, le 18 juillet dernier, remettant entre ses mains, de la part de Mgr de Grenoble, les deux secrets des jeunes bergers de la Salette. Le Saint-Père, assis devant son bureau, s'est levé après nous avoir donné sa main à baiser. Allant dans l'embrasure de sa fenêtre, il oubliait presque qu'il était Pape et disait : « *Suis-je obligé de garder ces secrets?* » Très-saint Père, lui ai-je dit, vous pouvez tout, vous avez la clef de toutes choses. »

» Par quelques miettes seulement de ces secrets qui sont arrivées jusqu'à nous, on croit que Maximin annonce la miséricorde ou la réhabilitation de toutes choses, et que Mélanie annonce de grands châtiments. Je savais que le secret de Maximin était le plus court. Le Saint-Père l'a lu le premier. Il a fait l'éloge de la candeur et de la simplicité de la rédaction de cet enfant.

» A la lecture du second secret, de celui de Mélanie, la figure du Saint-Père n'a plus été la même; ses lèvres se sont fortement comprimées, ses joues se sont considérablement gonflées. Après cette lecture, le Saint-Père nous a regardés et a dit : « *Ce sont* » *des flots (pour dire fléaux) dont la France est menacée. Elle n'est* » *pas la seule coupable; l'Italie l'est bien aussi; l'Allemagne, l'Es-* » *pagne, l'Europe entière.* Ce n'est pas sans raison que l'Église » est appelée militante; vous en voyez ici le capitaine. J'ai moins » à craindre de Proudhon que de l'indifférence et du respect hu- » main. Vos soldats se mettent à genoux quand ils me voient,

» mais c'est après avoir regardé de droite et de gauche s'ils ne
» sont pas vus. »

« Monsieur, a-t-il dit à M. Rousselot, j'ai fait examiner votre
» livre sur l'événement de la Salette par Mgr. Fratini, promo-
» teur de la foi, il m'a dit que votre livre est bien, qu'il en est
» content, et qu'il respire la vérité. »

» Mgr. Fratini, vu par M. Rousselot, après cette indication, lui
a dit : « J'ai examiné vos deux livres par ordre de Sa Sainteté;
» mon rapport a été que vos deux livres sont revêtus des carac-
» tères de la vérité. » Mgr. de Grenoble, a dit M. Rousselot, peut
donc faire bâtir une chapelle sur la montagne de l'apparition
et publier un mandement sur l'apparition? « Affirmation, dit
» Mgr Fratini. Vous direz à Mgr de Grenoble, a-t-il encore ajouté,
» de faire bâtir une chapelle sur de vastes et belles proportions,
» et d'y faire mettre autant *d'ex-voto* qu'il y a de miracles rela-
» tés dans vos livres et qu'il y en aura qui se feront encore. »

« Je voudrais, a dit encore M. Rousselot, que le Souverain
» Pontife prescrivît des enquêtes juridiques aux évêques dans les
» diocèses desquels il y a eu des miracles. » Mgr Fratini a répondu : « Il n'est pas nécessaire que ces miracles soient prouvés
» juridiquement : la sainte Vierge n'a pas besoin d'être cano-
» nisée; ce dont elle a besoin, c'est de voir s'étendre largement
» la propagation de son culte. »

» Le cardinal Lambruschini a dit à M. Rousselot que le Saint-
Père lui avait fait connaître les secrets, et qu'il avait lui-même
prêché avec fruit le fait de la Salette.

» M. Rousselot, venu un mois après mon arrivée de Rome, a
apporté de la part du Saint-Père un corps saint de nom propre,
un magnifique chapelet monté sur or pour Mgr de Grenoble,
avec l'autorisation de faire ce qu'il croirait convenable sur la
Salette. »

PREMIÈRE OBJECTION.

Les opposants. — Les enfants sont menteurs de leur nature ; donc ils ont menti dans le fait de l'apparition de la sainte Vierge à la Salette.

Réponse. — Pierre-Maximin Giraud, né à Corps, le 27 août 1835, et Françoise-Mélanie Mathieu, aussi née à Corps (diocèse de Grenoble) le 7 novembre 1831, sont les deux témoins de l'apparition d'une belle et grande Dame sur une montagne de la paroisse de la Salette, vulgairement appelée *Sous-les-Baisses.*

Jamais, peut-être, depuis que le monde existe, témoins n'ont été mis à l'épreuve, ni si longtemps, ni par un si grand nombre d'examinateurs de tout sexe et de toute condition, et jamais accord n'a été plus unanime pour attester que les deux bergers témoins de l'apparition, n'ont jamais varié, quant au fond, dans leur récit. A qui donc, opposants, persuaderez-vous que ces deux enfants sont menteurs de leur nature dans tout ce qu'ils racontent ? Sera-ce à ces milliers, ou plutôt à ces centaines de milliers de pèlerins qui les ont interrogés, examinés de près, qui les ont fatigués et comme pressurés de questions ; qui ont tenté tous les moyens de corruption, tels que promesses et menaces, et qui s'accordent tous à dire qu'on n'a jamais vu l'imposture se soutenir devant une pareille épreuve et qui avouent tous qu'ils verraient un plus grand prodige dans la constance des deux enfants à soutenir une fausse apparition miraculeuse, que dans le fait même de l'apparition?

C'est donc vous, opposants, qui mentez, en mettant en tête de vos pamphlets que les bergers des Alpes sont *menteurs* ou *visionnaires* de leur nature. Sous votre plume mal inspirée, vos mensonges ne sont pas seulement mensonges, mais bien des calomnies. Que vous ont donc fait ces deux pauvres petits bergers, pour les calomnier de la sorte? Il est reçu dans la philosophie transcendante, comme dans celle du vulgaire, que : *Qui prouve trop ne prouve rien.* A défaut de preuves, vous apportez des préventions fausses et injustes, vous donnez comme vraies vos assertions mensongères et calomnieuses, et vous croyez pouvoir nous en imposer; mais détrompez-vous. Les petits bergers ont laissé voir, il est vrai, plusieurs défauts qui sont l'apanage de leur âge, de leur éducation et de leur position; mais personne, avant le fait de la Salette, ne les a présentés comme adonnés au mensonge de leur nature.

RÉPLIQUE.

Les opposants. — Cependant M. Rousselot avoue à la page 41 de son livre : *La vérité sur l'événement de la Salette,* que Maximin est menteur de sa nature. Qui donc est plus propre à tromper qu'un trompeur?

Réponse. — M. Rousselot ne dit pas ce que vous lui faites dire. Voici la phrase textuelle que vous avez mal

citée à dessein. «Je lui ai dit (M. Rousselot) : Maximin‘
» on m'a dit, qu'avant l'apparition de la Salette, tu étais
» un peu menteur. » Maximin, en souriant et d'un air de
candeur, répond : « On ne vous a pas trompé, on vous a
» dit vrai : je mentais et je jurais en jetant des pierres à
» mes vaches, lorsqu'elles s'écartaient. »

Puisque donc vous voulez apporter en preuve de la
valeur de votre objection les aveux de **M.** Rousselot lui-
même, dans son premier rapport sur l'événement de la
Salette, puisque vous ne trouvez point de preuve plus
convaincante que cet aveu, pourquoi tronquez-vous son
aveu quant au sens et quant aux paroles? Être un peu
menteur, n'est pas être menteur de sa nature. Être menteur avant l'apparition de la Salette, n'est pas être menteur après l'apparition. Demander à un enfant, pour le
sonder et pour l'éprouver : *On m'a dit que tu étais un peu
menteur*, ce n'est pas affirmer qu'il est menteur de sa nature. Voilà, messieurs les opposants, comment vous raisonnez? Il y a longtemps que le sage a dit que l'iniquité
s'est mentie à elle-même. Tous vos raisonnements contre
la Salette sont à peu près de cette nature, c'est-à-dire,
un enchaînement de sophismes débités avec le ton du
dénigrement, qui fut toujours le caractère de la haine
inspirée par l'orgueil. Qu'y a-t-il dans l'aveu du jeune berger dont vous puissiez vous emparer, pour prouver qu'il
est menteur de sa nature ? S'il était menteur de sa nature, il
n'avouerait pas avec tant de candeur qu'on a dit vrai quand
on l'accusait d'être un peu menteur. Cet aveu ne prouve-
t-il pas au contraire que s'il est si sincère quand il s'agit
d'avouer ses défauts et ses mauvaises inclinations, il doit

l'être bien davantage, lorsqu'il s'agit d'une apparition miraculeuse ? D'ailleurs Maximin n'est pas seul. Mélanie a déclaré avoir vu et entendu la même chose que Maximin. Or, il n'a jamais été dit que Mélanie fût menteuse, mais seulement un peu boudeuse, un peu nonchalante : ces défauts ne prouvent pas qu'elle soit menteuse de sa nature.

Tous ceux qui ont vu de près, comme nous, ces deux jeunes et innocents bergers, sans lettres et d'une intelligence très-bornée, resteront convaincus que votre objection est une imposture et rien de plus. Nous savons, au reste, que pas un de vous n'a eu le courage de prendre sur lui la responsabilité de ses absurdes mensonges, de ses révoltantes calomnies, et que vous n'avez osé les livrer à la publicité que sous des noms empruntés.

DEUXIÈME OBJECTION.

LES OPPOSANTS. — Maximin est un ivrogne, Mélanie est une ivrognesse ; donc ils ne méritent pas qu'on fasse le moindre cas de leur prétendue vision.

RÉPONSE. — Cette objection, qui n'a pas même l'ombre de vraisemblance, ne mériterait pas d'être sérieusement réfutée ; mais elle n'en fera que mieux ressortir la mauvaise foi des opposants.

Maximin et Mélanie sont tous les deux nés de parents

pauvres. Avant d'aller à la Salette, au service de Baptiste Pra, chez qui elle était entrée au mois de mars 1846, Mélanie avait servi deux ans à Quet et deux ans à Sainte-Luce, hameaux du voisinage de Corps. Maximin et Mélanie étaient occupés l'un et l'autre à garder les vaches ou les chèvres sur les montagnes.

Comment ont-ils pu prendre l'habitude de l'ivrognerie, en ne mangeant souvent que du pain, et en ne buvant jamais que de l'eau.

Donc, votre objection repose sur une pure calomnie.

RÉPLIQUE.

LES OPPOSANTS. — Cependant on a souvent remarqué que ces deux enfants, et surtout Maximin, en arrivant sur le lieu de l'apparition, ne se faisaient pas longtemps prier pour accepter un verre de vin ou une tasse de café.

RÉPONSE. — Quel est le visiteur assez peu honnête, ou plutôt assez cruel, qui, ayant l'honneur d'avoir avec eux les Ambassadeurs de la Messagère du ciel pour les accompagner sur la montagne privilégiée, ne se serait pas fait un devoir d'offrir à ces pauvres enfants, fatigués par une marche des plus pénibles de seize kilomètres, ou une goutte de liqueur ou une tasse de café? Les enfants l'acceptaient souvent sans façon et quelquefois même trop sans façon. Voilà sans doute ce qui vous a donné le droit de les appeler ivrognes. Vous choisissez bien mal vos arguments, du reste; car il y a longtemps qu'on a dit que c'est dans l'ivresse qu'on est le moins capable de garder un secret. *In vino veritas* (1).

TROISIÈME OBJECTION.

LES OPPOSANTS. — Les enfants n'ont rien vu, ni rien entendu sur la montagne de la Salette; donc il n'y a point eu d'apparition.

RÉPONSE. — Il n'appartient qu'à un fourbe et à un imposteur de la pire espèce de vouloir singer une apparition céleste, de quelque nature qu'elle soit; mais aussi il n'appartient qu'à un catholique qui veut renier sa foi de combattre une apparition miraculeuse, du genre de celle de la sainte Vierge à la Salette, à moins qu'il ne soit à même de prouver invinciblement qu'elle est ou une pure ILLUSION ou une pure SUPERCHERIE.

ILLUSION.

Toutes les circonstances se réunissent pour rendre l'illusion impossible. Car, 1° c'est en plein jour que l'apparition a eu lieu, entre les deux ou trois heures du soir, et par un soleil brillant; 2° la sainte Vierge emprunte, pour

---

(1) Notre Seigneur Jésus-Christ était bien certainement sans le moindre défaut, et cependant il a été souvent traité d'ivrogne par ceux qui lui portaient envie.

se montrer, l'image d'une belle et grande Dame, plus grande qu'aucune de celles qu'aient jamais vues l'un et l'autre des deux bergers ; 3° c'est sur une haute montagne parfaitement découverte, où l'on ne voit pas un seul arbre, ni un seul arbrisseau, où n'apparaissent que les pâtres et les cultivateurs, et de temps à autre quelques chasseurs ; 4° non-seulement la belle Dame se montre sous un costume brillant, mais elle adresse la première la parole aux enfants et leur parle pendant près d'une demi-heure, et leur donne ainsi tout le temps de bien s'assurer de tout ce qu'ils voient et de tout ce qu'ils entendent ; 5° les témoins oculaires et auriculaires sont au nombre de deux. Ce que l'un dit avoir vu et entendu, l'autre l'affirme également, sauf un secret confié à chacun d'eux, sans que ni l'un ni l'autre ait rien pu comprendre de ce que la sainte Vierge leur disait en particulier. Ici la sainte Vierge fait un double miracle, en se faisant très-bien entendre et comprendre de l'un, sans être entendue et comprise par l'autre ; et ce double miracle, elle l'a fait vis-à-vis des deux bergers.

Or, si l'un d'eux n'avait ni bien vu, ni bien entendu, l'autre était là pour l'avertir et le détromper.

Donc l'ILLUSION a été impossible, ou bien il faut repousser le témoignage des sens.

Mais combien faut-il de témoins pour prouver une apparition céleste ? Un seul suffit, et je vais de suite le démontrer en citant des apparitions nombreuses que pas un catholique ne peut rejeter sans impiété (1).

____

(1) Nous prions le lecteur de remarquer qu'en citant des apparitions

APPARITIONS DE DIEU

aux hommes qui n'ont eu qu'un seul ou que deux témoins.

DIEU APPARAIT :

A Adam et à Ève pour leur reprocher leur désobéissance. *Deux témoins.*
>(*Genèse*, ch. 3, ℣. 8.)

A Caïn avant et après son fratricide, qu'il lui reproche ouvertement. *Un témoin.*
>(*Gen.*, ch. 4 tout entier.)

A Noe pour lui ordonner de construire une arche. *Un témoin.*
>(*Gen.*, ch. 6, ℣. 13.)

A Noe pour le bénir, ainsi que ses enfants. *Un témoin.*
>(*Gen.*, ch. 9, ℣. 1.)

A Abram, pour lui ordonner de quitter son pays natal en 2083 et de s'en aller en Chanaan. *Un témoin.*
>(*Gen.*, ch. 12, ℣. 1.)

A Abram, pour lui assurer la possession de la terre de Chanaan. *Un témoin.*
>(*Gen.*, ch. 12, ℣. 7.)

A Abram, pour lui dire qu'il sera son protecteur et sa récompense. *Un témoin.*
>(*Gen.*, ch. 15, ℣. 1 jusqu'à 15.)

consignées dans les saintes Écritures, pour appuyer notre raisonnement, notre intention n'est pas, comme on pourrait le penser, d'assimiler l'authenticité du fait de la Salette à l'authenticité de ces apparitions ; nous ne voulons que démontrer le vice de ce raisonnement : Que dans une apparition céleste un seul ou deux témoins ne peuvent jamais suffire pour en imposer la croyance au public.

A Abram, pour lui dire qu'il change son
  nom en celui d'Abraham.   *Un témoin.*
            (*Gen.*, ch. 17, ℣. 1.)

A Abimelech, pour lui reprocher l'enlèvement de Sara, qu'il lui ordonne,
  sous peine de mort, de rendre à
  son mari Abraham.   *Un témoin.*
            (*Gen.*, ch. 20, ℣. 5.)

A Isaac, pour lui défendre de descendre
  en Égypte.   *Un témoin.*
            (*Gen.*, ch, 26, ℣. 2.)

A Jacob, sur le haut d'une échelle mystérieuse, pour lui renouveler la
  promesse qu'il avait déjà faite à
  son père Abraham.   *Un témoin.*
            (*Gen.*, ch. 28, ℣. 12.)

A Jacob, sur le gué de Jaboc, lorsqu'il
  lutte avec lui et qu'il le blesse au
  nerf de la cuisse.   *Un témoin.*
            (*Gen.*, ch. 22, ℣. 32.)

A Moïse, dans un buisson ardent.   *Un témoin.*
            (*Exode*, ch. 3, ℣. 1.)

A Samuel, quatre fois dans la même nuit
  en 2861, pour lui dire, à la dernière apparition seulement, qu'il
  va faire tomber sur la maison du
  grand prêtre Héli des châtiments
  terribles.   *Un témoin.*
        (*Ier Livre des Rois*, ch. 3, ℣. 1.)

A Salomon, à qui il promet une grande
  sagesse.   *Un témoin.*
            (*III Rois*, ch. 3, ℣. 5.)

Toutes ces apparitions n'ont été visibles que sous la figure de quelque ange ; car l'Écriture nous dit formellement que jamais personne n'a vu Dieu. *Deum nemo vidit unquàm.* (S. Jean, c. 1, v. 18.) On a seulement entendu sa voix. Je pourrais citer un bon nombre d'autres apparitions qui n'ont eu qu'un seul témoin pour les attester, et qui seront crues jusqu'à la fin des siècles par tous les bons catholiques. Telle est, par exemple, l'apparition de l'ange Gabriel à Marie et d'un autre ange à son époux saint Joseph.

Il est donc certain que, pour une apparition céleste, il suffit ordinairement d'un seul témoin, pourvu que tout concoure à prouver que le témoin n'a pu être trompé, ni trompeur.

Or, dans l'apparition de Notre-Dame, à la Salette, ils sont deux témoins de la même vision ; donc l'ILLUSION a été impossible et ne peut se supposer. Reste donc la supposition que les deux petits bergers sont eux-mêmes les auteurs habiles d'une supercherie, ou mieux encore les instruments dociles d'habiles jongleurs, qui se servent d'eux pour tromper le public et surprendre la religion des âmes pieuses.

SUPERCHERIE.

PREMIÈREMENT. — Les deux bergers n'ont pas été et n'ont pas pu être les auteurs et les inventeurs d'une supercherie telle que celle d'une apparition miraculeuse, dont ils se disent témoins.

Tous ceux qui ont connu les deux bergers dès leur première enfance, en ont tous jugé ainsi. Tous les visiteurs qui ont pris la peine de les examiner de près, les ont re-

connus, ni plus, ni moins capables d'une pareille supercherie que des enfants de deux ans. Leur naissance, leur
éducation, leurs habitudes, leur manque d'intelligence ne
permettent pas même de le supposer un instant. Je ne
veux pour le prouver d'une manière décisive que faire remarquer la circonstance suivante. Maximin, dans sa douzième, et Mélanie, dans sa seizième année, n'avaient encore
pu apprendre leur petit Catéchisme; et ce n'est qu'après
dix-sept mois de préparation au couvent de la Providence
de Corps, qu'ils ont pu être admis tous les deux avec les
autres enfants de la paroisse à la première communion,
qui a eu lieu le second dimanche après Pâques,
7 mai 1848.

Comment, vous dira tout homme un peu intelligent et
de bonne foi, deux pauvres bergers de la montagne, qui
ont été jusque-là incapables d'apprendre deux mots de
catéchisme, auraient-ils pu imaginer un personnage si
extraordinaire quant à sa taille, quant à son costume, et
leur tenant un langage éminemment biblique, théologi-
que et même prophétique, sous deux idiomes? On vous
le répète, deux enfants pris à la mamelle en seraient aussi
capables qu'eux.

Pour nous, nous ne pouvons assez admirer le choix
qu'a fait Marie en s'adressant à deux enfants sans lettres
et sans talents, pour en faire les premiers apôtres de la
mission de miséricorde qu'elle veut remplir auprès de son
peuple, afin que tout le monde y ajoutât foi sans hésiter.
Tout autre personnage, quoique aussi digne peut-être et
surtout plus capable, aurait rencontré bien plus d'opposition. C'est ainsi qu'on aurait crié tout haut au mysti-

cisme ou au jésuitisme, si Marie se fût adressée à de pieux et savants théologiens, ou même à d'habiles philosophes ; et grand nombre de personnes les auraient de suite accusés d'être eux-mêmes les inventeurs des circonstances de l'apparition, pour mieux en imposer.

Secondement. — Les deux bergers n'ont point été, et n'ont pu être les instruments cachés d'habiles jongleurs dans l'événement de la Salette.

Cette supposition est tout aussi absurde que la précédente. En effet, pas un signe, pas un mot, pas une circonstance qui vienne à l'appui de cette supposition. Les deux bergers, depuis leur enfance, ont constamment été soumis à la surveillance de leurs parents, ou de leurs maîtres. Jamais on ne les a vus en la compagnie de bateleurs, de charlatans, de fripons, de marchands colporteurs, de bohémiens, etc. Outre le témoignage des habitants des pays voisins qui sont là pour l'attester, tout nous porte à repousser cette supposition : 1° la position des lieux, 2° la nature des enfants, 3° l'espèce de révélation. Dans ce cas, vous dirait-on avec toutes sortes de raisons, ces charlatans, ces jongleurs, ces bohémiens auraient bien mal choisi leur théâtre, leurs personnages et l'objet de leur supercherie. Pour en venir là il faudrait admettre une suite de faits plus incroyables que celui d'une apparition pure et simple.

Donc les enfants ont bien vu et bien entendu tout ce qu'ils ont révélé le soir et le lendemain du 19 septembre 1846, veille de la fête de Notre-Dame-des-sept-Douleurs. Donc l'apparition d'une belle Dame à la Salette sur le mont Gargas, au mas dit *Sous-les-Baisses,* doit être crue par les personnes de bonne foi, et sera crue malgré tous les efforts que l'enfer, par l'organe des opposants, suscitera pour anéantir ce fait, qui a grandi dès sa naissance comme le soleil levant jusqu'à son midi.

RÉPLIQUE.

LES OPPOSANTS. — Aucun tribunal civil, lorsqu'il s'agit d'une affaire un peu grave surtout, ne reconnaît le principe que vous avez admis, que le témoignage d'un seul suffit pour attester un fait aussi grave que celui d'une apparition miraculeuse et céleste ; de là ce proverbe aussi vrai qu'il est connu de tout le monde : *Testis unus, testis nullus,* autant point de témoin qu'un seul témoin.

RÉPONSE. — Un juge de la terre qui instruit une cause qu'il ignore absolument, n'a d'autre moyen de la bien connaître que le témoignage des hommes; et l'expérience lui a appris qu'il ne peut que rarement s'en rapporter au témoignage d'un seul, s'il veut juger avec sagesse et équité. Mais Dieu qui a mille moyens de nous faire connaître ses volontés, n'est pas plus embarrassé de le faire par le témoignage d'un seul que par le témoignage de plusieurs. A défaut de preuves testimoniales, il a mille et mille circonstances à son service; et au besoin il a le miracle, qui sera toujours regardé par tous les hommes comme une preuve infaillible des volontés du Très-Haut, comme nous le ferons remarquer à la vingt-sixième objection, page 145.

QUATRIÈME OBJECTION.

Les opposants. — La sainte Vierge, pour nous faire connaître lesvolontés de son Fils, a dû s'adresser à des personnes pieuses et saintes.

Or tout le monde s'accorde à dire que les enfants de la Salette étaient, avant l'apparition, pleins des défauts de leur âge, étourdis, grossiers, désobéissants, sans contenance.

Donc la sainte Vierge n'a pas pu les choisir pour instruments de ses miséricordes.

Réponse. — Qui êtes-vous, vous tous qui nous tenez sérieusement ce langage, pour vouloir imposer à Dieu et à sa sainte Mère votre manière de voir et de penser ? Marie peut, comme Dieu, se choisir les instruments les plus vils et les plus bas en apparence pour manifester ses volontés.

Etait-il sans défaut le grand apôtre saint Paul, avant la vision qu'il eut sur le chemin de Damas ? N'était-il pas le plus violent antagoniste de Jésus-Christ et le plus zélé persécuteur de son Église ? Dieu ne s'est-il pas servi de l'ânesse du prophète Balaam pour s'opposer aux vues de ce faux prophète ? Et ne s'est-il pas servi de ce maudit prophète lui-même pour bénir et louer son peuple d'Israël, que ce méchant prophète était venu tout exprès pour maudire ?

Personne ne nie que ces enfants eussent des défauts avant l'apparition; mais cela n'en fait que mieux ressortir la bonté de Dieu à notre égard, et le désir qu'il a de nous faire miséricorde. Non, Dieu ne s'adresse pas toujours aux plus parfaits pour exécuter ses desseins, mais le plus souvent aux humbles et aux petits.

RÉPLIQUE.

LES OPPOSANTS. — Toutefois vous conviendrez que le choix de pareils personnages, pour en faire les instruments d'une si grande et si haute mission, déprécie singulièrement la dignité de Mère de Dieu.

RÉPONSE. — Oui, je l'avoue, aux yeux de la plupart des orgueilleux mondains et des rationalistes, qui n'ont jamais voulu comprendre le véritable esprit de l'Évangile, et qui n'ont jamais eu de la vraie piété que l'écorce et les apparences; mais aux yeux du catholique instruit et humble de cœur, ce choix, loin de le scandaliser, ne fait que rehausser la dignité de l'auguste Médiatrice des hommes auprès de Dieu. Dites-moi, le soleil, en répandant ses rayons sur les objets de moindre valeur et les plus méprisables à nos yeux, perd-il quelque chose de sa beauté et de sa splendeur? Non, Marie n'a rien perdu de sa dignité en abaissant ses miséricordieux regards sur deux humbles pâtres des montagnes de la Salette !

CINQUIÈME OBJECTION.

Les opposants. — Il paraît certain à nos yeux que Marie, en favorisant les deux petits bergers, en a voulu faire des personnages d'un rare mérite.

Or un grand nombre de personnes s'accordent à dire que, depuis l'apparition, les deux bergers n'en valent pas mieux, ou du moins ne sont pas devenus parfaits sous tous les rapports.

Donc il doit aussi nous paraître certain que la sainte Vierge ne leur a pas apparu.

Réponse. — Les paroles de Marie aux bergers indiquent qu'elle n'a pas voulu plus s'occuper d'eux que du reste des hommes. De quelque manière qu'on les commente, il est évident qu'elle n'a eu en vue que son peuple et tout son peuple. En effet, Marie, en finissant son entretien familier avec les deux bergers, ne leur dit point : « *Eh bien, mes enfants, retenez bien ce que je viens de vous* » *dire, et faites-en votre profit;* » mais, sans avoir l'air de s'occuper d'eux, elle leur recommande à deux reprises : « *Eh bien, mes enfants, vous le ferez passer à tout mon* » *peuple.* »

Si donc la sainte Vierge n'a eu en vue que le bien de son peuple, pourquoi voudrait-on que les enfants fussent plus parfaits après qu'avant l'apparition? Pourquoi s'inquiéter s'ils ont conservé le type de leur caractère primitif ; s'ils sont plus ou moins vertueux ; s'ils se ressentent plus ou moins des misères humaines ; s'ils se montrent parfois aussi enfants d'Adam, qu'enfants de Marie? etc.

RÉPLIQUE.

Les opposants. — Marie n'est donc pas toute-puissante, comme on le dit ?

Réponse. — Les défauts, ou même les vices des enfants après l'événement, ne prouvent rien contre la toute-puissance de la Reine du ciel. Marie, en apparaissant aux deux bergers n'a point voulu, ce que Dieu ne veut pas lui-même, leur ôter le libre arbitre, sans lequel ces enfants ne peuvent ni mériter, ni démériter. Elle n'a point voulu non plus les confirmer en grâces, ce qui est le partage des habitants du ciel, plutôt que des habitants de la terre.

Nous connaissons un grand nombre de personnes sur la terre, qui, à raison des grâces dont elles sont comblées chaque jour, sont plus favorisées que ces deux enfants, et qui cependant laissent apercevoir des défauts et sont peut-être moins parfaites qu'eux. Qui ne connaît l'histoire de Salomon le plus sage des hommes ? N'est-ce pas après avoir été favorisé d'une vision céleste, n'est-ce pas après avoir reçu le témoignage le plus éclatant de la bonté et de l'amour de son Dieu, qu'il est tombé dans le vice le plus honteux, et même dans l'idolâtrie?

Ainsi nous n'avons pas à nous occuper de la conduite postérieure des deux enfants, pour juger de la réalité de l'apparition. Au reste les deux enfants, au dire de ceux qui les voient de près, se montrent aujourd'hui tels qu'ils se sont montrés dès les premiers jours de leur mission, c'est-à-dire, les premiers et les plus fidèles apôtres du miracle de la miséricordieuse et salutaire apparition.

Mais ils pourraient, ce qu'à Dieu ne plaise, devenir par la suite juifs ou mahométans, sans que leur apostasie pût ébranler la certitude de l'apparition et de ses circonstances.

SIXIÈME OBJECTION.

LES OPPOSANTS. — Si notre Dame de la Salette a pu donner aux enfants assez de mémoire et de présence d'esprit pour faire connaître à son peuple l'objet et le but de son apparition, elle a sans doute pu aussi et même dû les assister partout pour les empêcher de varier dans leurs relations.

Or il est prouvé que les enfants ont varié dans le récit des paroles de la belle Dame.

Donc, on ne doit pas ajouter foi à ce qu'ils racontent.

RÉPONSE. — Ceux qui prétendent que les enfants ont varié, soit en retranchant, soit en ajoutant au discours de la belle Dame, n'ont jamais pu le prouver. Rien, au contraire, d'aussi aisé à prouver contre eux que les enfants n'ont jamais varié, quant au fond, dans leur récit. Il existe un grand nombre de relations, qui toutes s'accordent pour le fond et presque pour la forme. Nous avons entre les mains une relation dictée par Mélanie sur le lieu-même de l'apparition le 5 août 1847, en présence de huit témoins, dont trois prêtres et cinq laïques. Cette relation au besoin, à défaut de toute autre, prouverait avec évidence la mauvaise foi de ceux qui prétendent que les enfants ont varié dès le principe. Ainsi nous réclamons pour notre part contre les dires de ceux qui voudraient faire croire que les enfants n'ont jamais dit la même chose. C'est surtout cette imperturbable et invariable fidélité des enfants à raconter d'une manière uniforme, quant au fond, le fait de l'apparition ainsi que les paroles de la belle Dame, qui a engagé les pèlerins à y croire sans hésiter.

RÉPLIQUE.

LES OPPOSANTS. — Cette variation a été avouée dans le rapport de M. Rousselot du 15 octobre 1847. Voyez *La vérité sur l'événement de la Salette*, pages 218 et 219.

RÉPONSE. — Ce rapport ne relate aucune variation essentielle. Il parle de quelques paroles de Maximin qui, après ces mots : « *Ils ne vont à la messe rien que pour se moquer de la religion,* aurait ajouté ceux-ci : *et mettent des pierres dans leurs poches pour les jeter aux filles.* » Ces mots, que Maximin seul aurait ajoutés par mégarde pour complaire à quelques personnes du pays, qui auraient voulu que la Dame les eût dites pour signaler un abus de la localité, ne changent rien au fond ni à la forme du discours. Mélanie ayant fait remarquer à Maximin que la

Dame n'avait pas dit ces mots, Maximin n'en a plus parlé.

Il y a toujours eu quelques variations, quant aux termes, et il est impossible qu'il en soit autrement, à moins d'un miracle continuel. Ils sont deux ; ils ont raconté les paroles de la Dame si souvent ; ils les ont racontées à tant de personnes, parmi lesquelles il s'en est rencontré un grand nombre , qui, pour pouvoir les faire contredire, ou même varier sur le fond de la chose, les ont interrogés sous tant de formes différentes, qu'il serait plus qu'étonnant qu'ils n'eussent jamais varié sur les termes. Mais s'il est certain qu'ils n'ont jamais varié que sur quelques termes insignifiants, il faut avouer que le doigt de Dieu est là.

Ces prétendues variations, au reste, qui ne modifient en rien l'ensemble des circonstances, ne font qu'ajouter plus de poids et de mérite à leur récit. Nous n'avons qu'un Évangile. Mais qu'est-ce qui fait le mérite des quatre Évangélistes? N'est-ce pas leur apparente variation? Aucun ne raconte comme les trois autres , et cependant aucun ne varie sur le fond de la chose.

Donc cette objection, que les opposants ont toujours alléguée sans preuve , montre ici comme ailleurs leur esprit d'opposition systématique, pour ne pas dire leur évidente mauvaise foi.

SEPTIÈME OBJECTION.

Les opposants. — Les deux bergers des Alpes ont été séquestrés dès les premiers jours de l'événement par l'autorité diocésaine.

Est-il étonnant qu'on leur ait fait dire tout ce qu'on a voulu ?

Réponse. — Il est faux que les bergers aient été séquestrés par l'ordre de l'autorité diocésaine dès les premiers jours de l'événement. Maximin, qui demeurait à la Salette depuis le 14 septembre (mois de l'apparition) est retourné à Corps chez ses parents le lendemain de l'apparition, c'est-à-dire, le 20 septembre 1846. Maximin depuis l'événement va à l'école chez les Sœurs de la Providence à à Corps: il y passe la journée et y prend ses repas. Presque tous les jours, depuis le bruit de l'apparition céleste, il est réclamé par les pèlerins, qui lui font instance pour se faire accompagner sur le lieu du prodige; et presque toujours de l'agrément de ses parents, ou de ses supérieurs, il se prête à leurs désirs avec une complaisance admirable.

Mélanie, qui demeurait à la Salette depuis le mois de mars 1846, y est restée après l'apparition au service du même maître jusqu'au commencement du mois de décembre 1846. Mélanie, revenue chez ses parents vers la fin de l'année 1846, va aussi à l'école chez les Sœurs de la Providence à Corps.

C'est sans doute de ce modeste couvent gouverné par de pieuses Sœurs d'un âge mûr dont vous avez voulu parler dans votre objection comme d'une prison de guerre ou d'un château fort. Mais les bergers n'ont pas été pour cela séquestrés, puisqu'ils ont continué à accompagner souvent tous les deux ensemble, ou séparément, les nombreux pèlerins à la montagne de la Salette pendant plus de vingt mois.

Qui ne comprend qu'après une pareille faveur du ciel, tous les habitants des pays voisins, tous les pèlerins eux-mêmes aient en quelque sorte dû réclamer contre l'abandon de ces enfants laissés sans éducation, au point que le petit Maximin à l'âge de douze ans et Mélanie à l'âge de seize ans ne savaient point encore de catéchisme? On les a donc envoyés au couvent de la Providence pour leur faire apprendre le catéchisme et leur enseigner à lire et à écrire. L'autorité diocésaine a permis que l'on confiât l'éducation première de ces enfants aux vertueuses Sœurs de la paroisse; mais elle n'a rien commandé, rien ordonné là-dessus.

Ainsi tombe à plat votre objection, qui tendrait à faire croire que l'autorité diocésaine a été la première à s'emparer des deux enfants pour soutenir une imposture sacrilége.

HUITIÈME OBJECTION.

Les opposants. — Depuis l'événement les deux enfants ont été l'admiration d'un nombreux public, qui les a caressés, choyés et presque encensés. On a pourvu à leur éducation, à leur entretien, à tous leurs besoins.

Est-il étonnant que ces enfants se soient prêtés avec complaisance et avec zèle à favoriser une supercherie?

Réponse. — Ce n'est pas la faute de ces deux pauvres bergers, si les croyants des pays voisins, si les pèlerins venus de loin se sont montrés à leur égard honnêtes, bons, généreux et parfois même enthousiastes. Mais qu'on se rassure; ni les caresses, ni les présents, ni les témoignages d'affection qu'on leur a donnés, n'ont pu les faire varier d'une ligne. Ils avaient même l'air de ne pas faire plus de cas des promesses que des menaces; c'est ce qu'attestent unanimement toux ceux qui les ont vus et interrogés. Selon vous ce serait tout un nombreux public, ce seraient des milliers de pèlerins de tout rang, de tout sexe et de tout pays qui se seraient prêtés à cette supercherie, et non plus seulement quelques misérables charlatans.

Or supposer que tout un nombreux public veuille se prêter à une jonglerie de cette espèce, c'est faire une supposition qui n'a pas l'ombre de sens commun, et qui par conséquent, ne mérite pas d'autre réponse.

NEUVIÈME OBJECTION.

Les opposants.—Le petit Maximin s'est rétracté à Ars devant M. l'abbé Viannay, curé de cette paroisse en septembre 1850.

Or, tout le monde regarde M. le curé d'Ars comme un saint à qui Maximin Giraud n'aurait pu en imposer, et qui est plus capable que toute autre personne de dévoiler une imposture.

Donc la rétractation de Maximin blesse à mort le fait de la Salette.

Réponse. — Vous raisonnez mal. Pour vous montrer le vice de votre raisonnement, je commence par vous poser en principe que la rétractation des enfants devant un prêtre quelconque aurait autant de force que devant M. l'abbé Viannay, curé d'Ars. Est-ce que les lèvres de tout prêtre ne sont pas, selon les saintes Écritures, les gardiennes de la vérité comme les dépositaires de la science? Selon quelques opposants on dirait qu'il n'y a au monde que M. le curé d'Ars pour vérifier le fait de la Salette. Si M. le curé d'Ars a vraiment reçu du ciel le don de discerner les vrais miracles d'avec les faux, l'apparition miraculeuse de la sainte Vierge à la Salette est donc vraie, puisque M. Viannay, curé d'Ars, l'a crue depuis les premiers jours de l'événement, et puisqu'il l'a prêchée aux nombreux pèlerins qui viennent chaque jour le visiter et le consulter.

Mais on dit qu'il n'y croit plus depuis qu'il a vu Maximin à Ars, qui lui aurait déclaré avoir menti en disant qu'il avait vu la sainte Vierge.

Quand bien même M. le curé d'Ars ne croirait plus à la Salette, quand bien même Maximin aurait dit au curé d'Ars qu'il n'avait pas vu la sainte Vierge, cela doit-il empêcher d'y croire, si le fait est suffisamment prouvé? Raisonnons ici sans passion comme sans prévention. L'événement de la Salette était un fait accompli depuis quatre ans et bien acquis à l'histoire de la Religion avant l'arrivée de Maximin à Ars; donc ni les dits et dédits de Maximin à Ars, ni la foi ou l'incrédulité de M. le curé d'Ars ne peuvent plus rien contre cet événement alors déjà canoniquement constaté, quoique non encore canoniquement publié (1). Je renverse la proposition, et je demande : Si Maximin avait déclaré à Ars avoir vu et entendu des choses qu'il aurait constamment niées jusqu'à ce jour, devrait-on le croire, parce qu'il les énoncerait devant M. le curé d'Ars, et parce que ce prêtre voudrait bien y ajouter foi? Assurément non. Par exemple, si Maximin venait nous dire aujourd'hui que ce n'est pas une belle dame qu'il a vue, mais bien un grand et bel homme, devrions-nous le croire? Bien certainement non. Car tout nous prouverait qu'il nous ment aujourd'hui, comme tout nous prouve qu'il n'a pas pu mentir alors. Or, jamais un mensonge ne doit détruire une vérité.

La question est de savoir si Maximin a menti au curé d'Ars en niant le fait de la Salette. S'il a menti à Ars, l'é-vénement de la Salette est donc véritable ; s'il n'a pas menti à Ars, il ne s'est donc pas rétracté ; car se rétracter ne veut pas dire mentir, mais bien abandonner une opinion fausse et erronée. On ne se rétracte pas en repoussant la vérité ; mais on apostasie, ou l'on commet un faux témoignage. Et ne dites pas que nous jouons sur les mots et sur les choses. Il est vrai de dire qu'après une enquête juridique, qui doit motiver une décision canonique constatant la vérité du fait, Maximin n'a plus le droit de nier le fait de la Salette, il n'a plus que le droit de mentir et non celui de se rétracter. Ce n'est pas, par exemple, en aban-donnant sa religion qu'un chrétien se rétracte, mais bien en y rentrant après l'avoir abandonnée.

____

(1) C'est du 19 septembre 1851, c'est-à-dire un an après l'incident d'Ars, qu'est daté le Mandement de l'évêque de Grenoble sur la vé-rité de l'apparition.

Mais tâchons de justifier Maximin sur l'incident d'Ars qui a tant fait de bruit dans la bouche de certains opposants.

On a souvent entendu les enfants dire à ceux qui avaient l'air de les traiter sérieusement de menteurs ou de visionnaires : « *Eh bien, non, je n'ai rien vu ; dites que je* » *n'ai rien vu.* » Ou bien encore : « *Je suis chargé de vous* » *le dire, et non pas de vous le faire croire.* »

Souvent encore quand on leur a dit : Ce n'est pas la sainte Vierge que vous avez vue ; pourquoi dites-vous que c'est la sainte Vierge ? Ils répondaient : « *Nous ne disons* *pas que nous avons vu la sainte Vierge ; nous avons vu une* *belle Dame ; nous ne disons pas autre chose.* »

Ces remarques préliminaires mises en avant, je vais tâcher de justifier Maximin, en établissant les deux propositions suivantes.

PREMIÈRE PROPOSITION.

Maximin ne doit pas être accusé de s'être démenti à Ars, s'il n'a point été à Ars dans l'intention de parler de la Salette ni en bien ni en mal.

Or, il est démontré que Maximin n'est point du tout allé à Ars pour parler de la Salette.

En voici la preuve historique :

Il existe en France un parti composé de soit-disant légitimistes qui ne veulent pas absolument que Louis XVII, héritier de la couronne de Louis XVI, soit mort, et qui le font exister sous le nom de baron de Richemont. Ces partisans enthousiastes du prince prétendant n'ayant cependant pu réussir à prouver son identité, se sont imaginés que le Ciel leur était venu en aide dans l'affaire de la Salette, et que le secret de la Dame confié aux bergers, renfermait le dénouement de ce drame mystérieux. Pleins de cette idée ils ont épié le moment favorable pour avoir ce secret, et pour y mieux réussir ils ont cherché un prétexte pour s'emparer des enfants. L'anniversaire du 19 septembre 1850 leur en a fourni l'occasion propice. Une scène aussi ridicule que scandaleuse, qui eut lieu sur la montagne ce jour-là, vint faciliter leur projet d'enlèvement. Un possédé, vrai ou prétendu, que conduisait un certain religieux, ayant été interrogé par ce religieux sur l'avenir de Maximin en présence d'une foule de pèlerins, décida, au grand contentement des partisans de Louis XVII, que Maximin, qui se trouvait à cette scène, devait se rendre à Lyon et se faire Mariste. Trois honorables personnages qui portaient un véritable intérêt aux bergers, s'offrirent à les accompagner à Lyon, pour de là les conduire au vénérable curé d'Ars, qui jouit d'une grande réputation de sainteté, pour lui demander son avis sur la destinée future des enfants privilégiés de Marie; car il leur semblait à tous que ces enfants avaient suffisamment rempli leur mission dans les environs du théâtre de l'apparition, et qu'ils devaient quitter le diocèse de Grenoble. Le petit Maximin, désireux de voir du pays, s'abandonne volontiers à la conduite de ces trois guides, dont l'un lui était particulièrement connu. La petite Mélanie, soit pour consulter sur sa vocation, soit pour se débarrasser des pèlerins qui l'assiégeaient journellement, ne fait pas difficulté non plus de les accompagner jusqu'à Grenoble. Mais arrivée à Grenoble, Mélanie déclare qu'elle n'ira pas plus loin, et demande à consulter son évêque, qui lui fait dire de se rendre à la maison religieuse de Corenc, située à 3 kilomètres de Grenoble, ce qu'elle exécute sur-le-champ. Maximin reçoit aussi de son évêque l'invitation de se rendre à l'établissement des Orphelins de Saint-Joseph, situé dans l'intérieur de la ville; mais soit légèreté, soit toujours envie de voir les pays, il se laisse gagner par ses guides, qui l'ont fait dîner avec eux et qui déclarent qu'ils ont retenu et payé sa place dans leur voiture jusqu'à Lyon. Maximin s'était fait suivre par sa sœur âgée de vingt ans.

Arrivés à Lyon, on repart de suite pour Ars, où l'on arrive encore le même jour sur les sept à huit heures du soir. Ne pouvant voir d'abord M. le Curé, on demande à voir son vicaire, qui profite de son entrevue avec Maximin pour battre la Salette et traite le petit de menteur. Maximin n'étant pas venu à Ars pour convertir ce vicaire qui ne veut pas croire à la Salette, lui tourne tout bonnement le dos en lui disant : « *Comme vous voudrez, supposez que je n'ai rien vu, que je suis un menteur.* »

Le lendemain vers les sept heures du matin, Maximin voit M. le Curé à la sacristie, où se trouvent trois ou quatre personnes. Il a avec lui un entretien de dix ou douze minutes dans lequel il le consulte sur sa vocation et s'il doit quitter son diocèse. M. le Curé lui dit qu'il doit rentrer dans son diocèse et se mettre à la disposition de son Évêque.

Peu satisfaits de cette décision toute contraire à celle que le possédé avait rendue sur la montagne, ses guides le renvoient à M. le Curé, qui était alors derrière l'autel occupé à entendre la confession d'un pénitent. C'est dans ce second et court entretien qu'a eu lieu un malentendu qui a fait dire aux opposants que Maximin s'est rétracté devant M. le Curé d'Ars.

Voici comment on explique ce MALENTENDU. M. le Curé, que Maximin a peine à entendre et à bien comprendre, ayant demandé à l'enfant s'il n'avait point menti, sans lui expliquer sur quoi, Maximin répond que oui. M. le Curé lui réplique qu'il faut se rétracter. Maximin répond *qu'il ne peut, que ce n'est pas la peine, que c'est trop vieux, puisque c'est passé.* Ici est le *malentendu.* M. le Curé comprenait que les mensonges de Maximin se rapportaient au fait de l'apparition, et Maximin entendait avouer ses mensonges, lorsqu'il ne voulait pas dire à ses maîtres où il allait ou ce qu'il faisait, quand il n'étudiait pas ses leçons. On croit que M. l'abbé Reymond, vicaire, a un peu contribué à ce petit malentendu, en ce qu'il avait probablement vu auparavant son Curé pour lui faire part de son entretien avec Maximin, et pour lui dire qu'il l'avait traité de menteur, après l'avoir convaincu de mensonge; ce qui a pu contribuer à ne faire envisager à M. le Curé que le fait de la Salette dans les aveux de Maximin. Cependant Maximin interroge de nouveau sur sa vocation le vénérable et bon Curé, qui lui répond comme la première fois qu'il doit retourner dans son diocèse, et se mettre à la disposition de son Évêque. Ses guides, quoique désappointés, ramènent

Maximin à Lyon, et le conduisent à l'hôtel du Parc, où l'attend la petite cour du prétendu Louis XVII. En apercevant le baron de Richemont, Maximin se met à sourire, parce qu'il croit voir dans le baron celui dont on lui avait montré le portrait à Corps. Aussitôt la petite cour murmure à voix basse ces mots : *Voilà le secret de la Salette.* Alors une dame lui dit : *Mon enfant, tu vas maintenant nous dire ton secret.* — *Madame,* lui répliqua vivement Maximin, *me demander mon secret ou me montrer la porte, c'est la même chose.*

Il y avait trois jours qu'on promenait Maximin, et que pour avoir son secret on avait essayé sur lui toute la puissance du magnétisme, lorsque Dieu voulut que l'abbé Bez, l'un de ses plus anciens amis, qui ne savait pas même que Maximin fût dans Lyon, vint à l'hôtel du Parc pour y retenir un appartement, à la prière d'une personne. Maximin l'ayant aperçu le premier, va droit à lui, lui saute au cou en pleurant et en lui disant qu'il ne veut plus le quitter, au grand regret de ses trois guides, qui voulaient le tirer au sort un instant auparavant, pour savoir qui des trois l'aurait, et qui restent là tous trois bien étonnés. M. Bez apprenant de la bouche de Maximin qu'il n'avait pas la permission de ses tuteurs pour voyager hors de son diocèse, le recueillit avec bonté et lui procura, sous un nom emprunté, l'entrée dans un bon pensionnat à Lyon, en attendant qu'on pût instruire ses tuteurs de sa nouvelle position. Au bout de trois semaines, Maximin revint à Grenoble pour continuer son éducation dans le petit Séminaire qui avoisine la ville épiscopale.

Voila toute l'histoire de ce voyage, qui a mis en mouvement la presse politique et la presse religieuse, qui a donné lieu à mille commentaires et à mille suppositions, commentaires et suppositions qui, après un long et sévère examen, se sont réduits à la conclusion d'un simple *malentendu.*

SECONDE PROPOSITION.

Maximin ne peut pas être accusé de s'être démenti Ars, si ce démenti a été jugé sans importance par une autorité compétente.

Or, la question du démenti de Maximin à Ars, a été jugée comme n'yant aucune importance vis-à-vis de la Salette, par Monseigneur l'Evêque de Belley, sous la juridiction duquel se trouve M. le Curé d'Ars.

La lettre suivante de Monseigneur Devie, Évêque de Belley, à Monseigneur de Bruillard, Évêque de Grenoble, nous en fournit la preuve juridique.

Belley, 15 janvier 1851.

Monseigneur,

» Avant de répondre à la lettre que vous m'avez fait l'hon-
» neur de m'adresser, j'ai voulu prendre des renseignements
» sur ce qui s'est passé à Ars. J'ai vu assez longuement
» M. Reymond, qui fait fonction de vicaire et qui a interrogé
» le jeune homme de la Salette. Mgr de Valence et Mgr de
» Viviers étant auprès de moi à l'occasion du sacre de
» Mgr Chalandon, je leur ai communiqué les pièces que

» vous m'avez envoyées et voici le résultat de nos réflexions :
» 1° Nous regardons toujours comme assuré que les enfants ne
» se sont point entendus pour tromper le public et qu'ils ont
» réellement vu un personnage qui leur a parlé; 2° Est-ce la
» sainte Vierge? Tout porte à le croire; mais tout cela ne peut
» être constaté que par des miracles différents de celui de
» l'apparition. etc. »

Agréez, etc.

† A. R. Evêque.

Nous conclurons donc contre les opposants :

1° Qu'il est faux que Maximin se soit démenti à Ars;

2° Que la Salette n'a été pour rien dans le voyage de
Maximin à Ars;

3° Que lors même que Maximin se serait démenti à
Ars, le fait de la Salette n'en recevrait aucune atteinte,
quelque grande que soit la réputation de sainteté du vénérable curé d'Ars;

4° Que loin de blesser à mort l'événement de la Salette, l'incident d'Ars n'a fait d'un côté que montrer une
fois de plus de quoi est capable la mauvaise foi des
opposants quand il s'agit du miracle de la Salette, et
de l'autre que faire éclater de plus en plus ce grand
événement, comme le disait sagement Monseigneur Devie
à un prêtre Mariste dans une lettre du 20 janvier 1851 :
« *La chose qui s'est passée à Ars n'est qu'une épreuve et*
» *une tempête suscitée par le démon ; le fait de la Salette*
» *en ressortira plus éclatant.* » Et comme le répétait
encore ce savant Évêque deux mois avant sa mort :
« *Je n'attache aucune importance à ce qui s'est passé à*
» *Ars; M. le Curé d'Ars n'est pas compétent pour juger*

» *un fait si grave, et, du reste, il n'a entendu qu'un*
» *témoin ;* »

5° Que l'incident d'Ars n'a réellement d'autre importance qu'en ce qu'il prouve avec la dernière évidence
que les opposants n'ont jamais eu à leur service pour
attaquer la Salette que des suppositions et des malen-
tendus, des mensonges et des calomnies, puisqu'ils vont
chercher à Ars des preuves contre un fait reconnu vrai
par l'autorité diocésaine, seule compétente pour en
juger sainement et canoniquement.

DIXIÈME OBJECTION.

LES OPPOSANTS. — Les croyants au fait de la Salette
sont tous, en général, de bonnes gens portés à croire
tout ce qui est merveilleux et surnaturel. Qui ne connaît
l'inclination des bonnes gens de la campagne surtout ;
à croire aux sorciers, aux revenants, aux farfadets, etc.?
Donc ils croient tous sans examen.

RÉPONSE. — Les personnes qui ont admis le fait de la
Salette ne sont pas toutes douées d'un esprit transcen-
dant, d'une intelligence extraordinaire ; mais pour croire
au fait de la Salette, il n'est pas besoin d'avoir un esprit
supérieur, ni une intelligence rare. Si cela était la sainte
Vierge se serait trompée, puisque c'est à tout son peuple
qu'elle s'adresse par l'organe de deux jeunes bergers

sans éducation et sans lettres, comme le prouvent les dernières paroles de son entretien : *Eh bien, mes enfants, vous le ferez passer à tout mon peuple.* Il suffit, pour croire à ce fait, d'avoir des yeux pour voir, des oreilles pour entendre, une médiocre intelligence pour comprendre, et surtout un esprit humble et disposé à recevoir la grâce. Un miracle qui a pour but le salut du peuple, doit être à la portée du plus simple et du plus ignorant. Or, tel est le miracle de la Salette.

Les superbes Pharisiens de l'Évangile n'étaient certes pas les moins spirituels et les moins savants du peuple, puisqu'ils en étaient les docteurs, et puisqu'ils se sont plus d'une fois flattés de réduire le Sauveur au silence par des questions captieuses; ces Pharisiens orgueilleux ont eu souvent le bonheur de voir la personne du Sauveur et d'entendre sa divine parole; et néanmoins ils n'ont pas cru en lui. Qu'est-ce que cela prouve, sinon qu'il y a eu dans tous les temps des hommes disposés à repousser la lumière? Et ces personnes se rencontrent le plus souvent parmi les savants du monde et les docteurs du peuple.

Vous qui nous adressez cette objection, pouvez-vous ignorer que le miracle de la Salette compte parmi ses croyants un grand nombre d'évêques distingués par le savoir et la vertu, un plus grand nombre encore de prêtres et de laïques recommandables, des avocats, des juges, des médecins; enfin, des hommes de toute condition? Et vous voudriez nous faire croire que tous ces personnages aient admis à la légère, sans examen comme sans défiance, un fait aussi surprenant?

Votre objection renferme donc non-seulement une supposition mensongère, mais encore une grave injure contre les honorables et innombrables partisans du fait et contre tous ses courageux défenseurs.

Vous mettez comme en principe que les gens de la campagne sont très-enclins à croire aux sorciers, et moi, pour vous combattre, je mets en principe avec plus de vérité que les personnes portées à croire aux sorciers, aux révélations fausses, sont ordinairement les plus difficiles à admettre les révélations vraies. En voici la raison : c'est l'esprit de ténèbres qui porte à croire aux fausses révélations, tandis qu'il porte à combattre les véritables. Aussi nous ne devons pas nous étonner des efforts qu'il a tentés et qu'il tentera encore pour anéantir le fait de la Salette, qui amène aux pieds de sa capitale ennemie un aussi prodigieux nombre de pèlerins de toutes les contrées de l'univers.

Et ne dites pas que tous les bons villageois admettent facilement tous les faits surnaturels sans examen comme sans preuve. Car il y a souvent dans le simple habitant de la campagne, comme aussi dans le modeste artisan des villes, autant de prudence et de sagesse que dans les hommes haut placés. Le bon sens, comme le génie, ne suit pas les conditions, mais bien plutôt les personnes.

ONZIÈME OBJECTION.

LES OPPOSANTS. — On appelle le miracle de la Salette *Apparition de Notre-Dame à la Salette.*

Or, les deux bergers n'ont jamais dit au commencement avoir vu autre chose qu'une belle dame.

Donc l'apparition de la sainte Vierge à la Salette est plutôt une invention des pèlerins, qu'une révélation des deux bergers.

RÉPONSE. — Il est vrai que la belle Dame n'a pas dit aux enfants qu'elle fût la sainte Vierge ; mais indépendamment des insignes de la passion du Sauveur qui ornaient son brillant costume de reine, toutes ses paroles le prouvent ; et les enfants n'en ont pas douté un instant, dès qu'on leur a eu expliqué le sens des paroles de la Dame. En effet, dans toutes les parties de son discours, elle parle toujours comme étant la Mère de Dieu, ou au nom de son divin Fils. La simple lecture de ce discours suffit pour en convaincre. Il n'était donc nullement nécessaire que la Dame dît aux bergers qui elle était, si toutes ses paroles annoncent en effet toute la dignité de sa personne en même temps que le caractère de sa mission.

Ainsi, le mot de *Notre-Dame de la Salette* n'est pas plus de l'invention des pèlerins que de celle des bergers.

DOUZIÈME OBJECTION.

LES OPPOSANTS. — Impossible d'admettre que ce soit la sainte Vierge qui ait apparu aux bergers de la Salette, à en juger par le discours que leur a tenu la belle Dame.

Tout homme tant soit peu instruit trouve ce discours puérile, inconvenant, ridicule, absurde , imprudent , faussement prophétique, favorisant l'anarchie.

RÉPONSE. — Rien, dans cet admirable discours , qui ne soit à la hauteur de l'auguste ambassadrice et de la mission qu'elle vient remplir auprès de son peuple. Suivez-moi dans la courte analyse que nous en allons faire , et vous en serez convaincu comme moi.

Nous remarquons quatre parties dans ce discours.

PREMIÈRE PARTIE.

Plaintes.

1° Comme une bonne et tendre mère, sous l'image de laquelle elle apparaît aux bergers, la noble et belle Dame commence par rassurer ses auditeurs, que sa présence avait un peu intimidés, et cherche à piquer leur curiosité, afin qu'ils prêtent toute leur attention à ce qu'elle va leur annoncer. Quel exorde pourrait être plus simple, plus noble et plus digne de la Mère d'un

Dieu, devenue aussi la Mère des hommes, que celui-ci : *Avancez, mes enfants, n'ayez pas peur, je suis ici pour vous conter une grande nouvelle.*

2° Ensuite la Dame, pour faire entendre à son peuple les plaintes amères qu'elle a mission de lui adresser, emprunte de suite le langage de l'un de nos plus grands prophètes, le prophète Isaïe; et, parlant tantôt en son nom, et tantôt au nom de son Fils, elle emploie l'une des plus nobles figures dont ce prophète s'est servi pour peindre la juste colère de Dieu vis-à-vis de son peuple; figure qu'Isaïe répète jusqu'à trois fois dans le chapitre ix, versets 12, 17 et 21 de son livre, et qu'il répète encore au chapitre x, verset 4. *Super omnibus his non est aversus furor ejus, sed adhuc manus ejus extenta.* « Après tous ces » maux sa fureur n'est point encore apaisée, et son bras est toujours levé. »

Ne vous semble-t-il pas entendre le prophète Isaïe dans ces paroles de la Dame : *Si mon peuple ne veut pas se soumettre, je suis forcée de laisser aller le bras de mon Fils. Il est si lourd et si pesant, que je ne puis le maintenir* (1). »

3° Elle leur témoigne tout l'intérêt qu'elle porte à son peuple, et toute la peine qu'elle éprouve du peu de cas que son peuple fait de sa médiation auprès de Dieu, par ces paroles qu'il nous est difficile d'entendre sans en être attendri jusqu'aux larmes : *Depuis le temps que je souffre pour vous autres! Si je veux que mon Fils ne vous*

______

(1) Dans son récit Maximin se sert du mot *bras*, au lieu de *main*, comme Mélanie : nous citons ici le récit de Maximin. (*Voyez* page 21, le récit de Mélanie.)

abandonne pas, je suis chargée de le prier sans cesse ; et pour vous autres, vous n'en faites pas cas. Vous aurez beau prier et beau faire, jamais vous ne pourrez récompenser la peine que j'ai prise pour vous autres.

Qu'on cherche dans les orateurs les plus distingués quelque chose de plus pathétique et de plus attendrissant que ces courtes et nobles paroles ! Le langage est des plus simples, il est vrai, mais il est impossible d'y mettre plus de sentiment.

Après cela, la Dame leur signale les deux principales causes qui appesantissent tant le bras de son Fils : c'est l'impiété et le blasphème. Elle leur montre l'impiété dans le peu de cas que les hommes font du saint jour du dimanche. Elle leur montre le blasphème dans l'abominable habitude de la profanation du saint nom de Dieu.

Pouvait-elle peindre plus énergiquement l'ingrate impiété des hommes, que par ce langage éminemment biblique : *Je vous ai donné six jours pour travailler, je me suis réservé le septième ; et l'on ne veut pas me l'accorder ! C'est ça qui appesantit tant le bras de mon Fils.*

Pouvait-elle mieux signaler la détestable habitude de la profanation du nom adorable de Dieu, que par ces expressions : *Aussi ceux qui mènent les charrettes ne savent pas jurer sans y mettre le nom de mon Fils au milieu. Ce sont les deux choses qui appesantissent tant le bras de mon Fils.*

Voilà la première partie de ce beau discours. Dites-moi, où sont les expressions et les choses qui ne soient pas à la hauteur de la messagère du Ciel. Mais continuons l'analyse de ce discours vraiment biblique.

DEUXIÈME PARTIE.

Menaces et Promesses.

Après avoir décrit la colère de son Fils et les causes de cette juste colère, la belle Dame vient annoncer à son peuple les *maux* qui d'un côté le menacent, et les *promesses* qui l'attendent de l'autre. Ces maux sont de deux espèces : c'est la mortalité, c'est la famine ; deux espèces de maux qui en engendrent une infinité d'autres. Afin que son peuple sache et comprenne bien que ses *menaces* auront infailliblement leur effet, la Dame commence à leur faire remarquer déjà l'accomplissement d'une partie des maux à venir, en parlant ainsi : *Si la récolte se gâte, ce n'est rien que pour vous autres. Je vous l'ai fait voir l'année passée par les pommes de terre, et vous n'y avez pas fait cas. Au contraire, quand vous en trouviez de gâtées, vous juriez et vous mettiez le nom de mon Fils au milieu. Elles vont continuer* (à se gâter), *que cette année, à la Noël, il n'y en aura plus.*

La sainte Vierge apporte en preuve de ce qu'elle annonce un fait déjà connu dans presque toute l'Europe. N'était-ce pas bien vrai que les pommes de terre avaient commencé à se gâter l'année précédente dans un grand nombre de localités? N'est-ce pas bien vrai que le peuple n'y a pas fait cas, tant il est plongé dans l'indifférence et dans l'impiété! N'est-ce pas que trop vrai que plusieurs ont même pris de là occasion d'insulter à la divine Providence?

Comme la Dame sait que les enfants ne comprennent

pas assez le français pour continuer à leur parler en cette langue, puisque déjà ils n'avaient pas compris le mot *pommes de terre*, et ne voulant pas plus longtemps les tenir dans l'embarras, elle continue son entretien en langue vulgaire la mieux comprise par ces enfants. C'est pourquoi elle répète ce qu'elle sait n'avoir pas été assez bien compris par eux; leur donnant ainsi une preuve admirable de son savoir et de son désir de se bien faire comprendre.

« *Ah ! vous ne comprenez pas, mes enfants, je m'en vais*
» *vous le dire autrement.* (Nous ne répéterons pas ici le
» patois que nous avons mis au récit de Mélanie.) *Si les*
» *pommes de terre se gâtent, ce n'est rien que pour vous*
» *autres. Je vous l'ai fait voir l'an passé par les pommes*
» *de terre ; vous n'en avez pas fait cas. Au contraire, quand*
» *vous en trouviez de gâtées, vous juriez, et vous mettiez le*
» *nom de mon Fils au milieu. Elles vont continuer, que*
» *cette année, à la Noël, il n'y en aura plus.* »

La Dame emprunte, dans les paroles suivantes, le style hyperbolique des saintes Écritures.

» *Si vous avez du blé, il ne faut pas le semer : tout ce que*
» *vous sèmerez, les bêtes le mangeront, et ce qui viendra*
» *tombera tout en poussière quand on le battra.* »

« *Viendra une grande famine. Avant que la famine*
» *vienne, les enfants au-dessous de sept ans prendront un*
» *tremblement et mourront entre les mains de ceux qui les*
» *tiendront, et les autres feront leur pénitence par la*
» *faim.* »

« *Les noix deviendront boffes* (mauvaises), *les raisins*
» *pourriront.* »

Voilà des *menaces* bien terribles dans la bouche de la plus tendre et de la plus compatissante des mères. Mais autant ses menaces sont terribles, autant les *promesses* qui les accompagnent sont rassurantes et consolantes. Écoutez et comparez.

« *S'ils se convertissent, les pierres et les rochers de-*
» *viendront des monceaux de blé, et les pommes de terre*
» *se trouveront comme ensemencées par les terres.* »

On voit, dans la seconde partie du discours de la Dame, que la messagère céleste emploie tout le long le langage de l'hyperbole, dans les *menaces* comme dans les *promesses*, imitant en cela son divin Fils, qui, pour peindre l'extrême précaution avec laquelle on doit se tenir en garde contre la fin du monde, s'exprime ainsi dans saint Marc, chapitre XIII, versets 15 et 16. « *Et qui super tectum,*
» *ne descendat in domum, nec introeat ut tollat quid de*
» *domo suâ :* Que celui qui est sur le toit n'en descende pas
» pour venir dans sa maison et en emporter des effets. *Et*
» *qui in agro erit, non revertatur retrò tollere vestimentum*
» *suum :* Et que celui qui est dans les champs ne revienne
» pas en arrière pour venir prendre son habit. »

On emploie l'hyperbole pour donner une vive idée de la chose dont on parle, et pour cela on se sert d'expressions exagérées, qui disent plus qu'on ne pense. Cette figure est très-ordinaire dans la bouche des prophètes et dans le style biblique.

Quelques personnes ont trouvé bien étrange, dans la bouche de la Dame, la phrase suivante : « *Si vous avez du*
» *blé, il ne faut pas le semer.* » Mais elle donne elle-même une raison très-logique de son langage, en

prophétisant que tout ce qu'on sèmera sera mangé en terre par les insectes , ou bien deviendra stérile au moment de la moisson. En effet, si ce que l'on sème doit périr avant la moisson, mieux vaut garder son blé que de le semer.

Il est aisé de voir que la Dame ne prophétise pas d'une manière précise et absolue, mais bien d'une manière conditionnelle. Elle menace plutôt qu'elle ne prophétise, et fait remarquer à son peuple que si les hommes se montrent insensibles aux salutaires avertissements du Ciel, ces maux qui commencent à sévir iront en augmentant, jusqu'à ce que Dieu ait satisfait sa colère; et que si , au contraire, les hommes, dociles à la voix de Dieu, se convertissent sincèrement à lui, l'abondance des récoltes sera telle, que le blé et la pomme de terre viendront comme par enchantement. Convertissons-nous donc , nous tous qui lisons ces salutaires avertissements!

Mais pour nous convertir, que faut-il faire, quel moyen faut-il prendre? La belle Dame va nous le dire dans la troisième partie de son discours.

TROISIÈME PARTIE.

Moyens de conversion : la Prière, la Messe et le Jeûne.

Trois puissants moyens de conversion nous sont enseignés par l'Évangile, ce sont : 1° la prière; 2° le saint sacrifice de la messe; 3° l'abstinence et le jeûne. La belle Dame entretient les deux bergers de ces trois moyens de conversion, sous la forme du dialogue, pour mieux piquer leur attention, et pour se faire mieux comprendre.

1° La prière. Elle leur demande donc comme une tendre mère, sur le ton le plus familier : « *Faites-vous » bien votre prière, mes enfants ? — Pas guère, Madame,* » répondent les petits. Cette réponse si naïve des enfants, ne pourrions-nous pas la mettre dans la bouche de la plupart des chrétiens de nos jours ? Pour un rien on se dispense totalement de la prière, qui sera toujours le devoir le plus indispensable de la religion. On n'a jamais le temps de prier, et lorsque l'on prie, c'est souvent par routine, en courant et presque toujours sans une attention convenable.

Cependant la belle Dame insiste sur la nécessité de la prière comme premier moyen de conversion, en continuant à les entretenir sur le ton le plus doux : « *Il faut » bien la faire, mes enfants. Et quand vous ne pourrez pas » mieux faire, dire seulement un* Pater *et un* Ave*, et quand » vous aurez le temps, en dire davantage.* »

2° La messe. Ensuite la belle Dame leur fait remarquer le peu d'empressement et de dévotion chez presque tous les hommes pour l'assistance à l'auguste sacrifice de nos autels par ces paroles : « *Il ne va que quelques femmes » un peu âgées à la messe, et les autres travaillent tout l'été » les dimanches ; et l'hiver, quand ils ne savent pas que faire, » ils ne vont à la messe rien que pour se moquer de la » religion.* »

La belle Dame ne fait-elle pas ici, en quelques mots,

l'histoire de la piété de nos jours? Hélas! les dimanches sont pour les affaires, pour les contrats, les ventes, les achats, les payements, les jeux, les promenades, les visites, etc. On ne va à la messe que lorsqu'on ne sait plus que faire, et l'on veut que Dieu retire son bras étendu pour nous frapper!

3° L'ABSTINENCE ET LE JEUNE. La belle Dame peint d'un seul mot l'esprit de pénitence et de mortification des enfants de son peuple, en les comparant à des chiens : « *Le* » *carême, ils vont à la boucherie comme des chiens.* »
Quelques personnes peu accoutumées au style de la Bible trouvent cette expression *comme les chiens* un peu basse dans la bouche de la noble Dame; mais elle nous paraît bien choisie sous un triple rapport : 1° par rapport aux bergers, à la portée de qui la Dame veut bien se mettre; 2° par rapport aux transgresseurs de la loi d'abstinence, qui n'en font pas plus de cas que de véritables chiens; 3° par rapport au style des saintes Écritures, que la belle Dame a voulu emprunter dans son discours. Or, la sainte Écriture se sert souvent de cette expression pour peindre les vices des uns et les châtiments des autres. En voici quelques exemples : David, au psaume LVIII, verset 7, dit que ses persécuteurs souffriront la faim comme des chiens, *Et famem patientur ut canes.* Isaïe, chapitre LVI, verset 10, compare à des chiens muets les mauvais pasteurs, *Canes muti non valentes latrare.* Saint Pierre, dans sa seconde épître, chapitre II, verset 22, parlant des pécheurs de rechute, s'exprime ainsi : « Car ce qu'on dit par » un proverbe véritable leur est arrivé : Le chien est

» retourné à ce qu'il a lui-même vomi, et le pourceau,
» après avoir été lavé, s'est vautré de nouveau dans la
» boue. *Contigit enim eis illud veri proverbii : Canis rever-*
» *sus ad suum vomitum, et sus lota in volutabro luti.* »

QUATRIÈME PARTIE.

Récapitulation du discours et recommandation de le faire passer à tout son peuple.

Nous voilà arrivés à la dernière partie du discours de la belle Dame.

Dans un second et court dialogue entre elle et le petit Maximin, la Dame leur rappelle la substance abrégée et toute la suite de son discours, qu'elle confirme par une petite anecdote dont Maximin a été témoin, et dont il ne se souvient pas à ce moment.

La Dame. — « *N'avez-vous pas vu du blé gâté, mon* » *enfant?* »

Maximin. — « *Oh! non, Madame.* »

La Dame. — « *Vous devez bien en avoir vu, vous, mon* » *enfant, une fois vers la terre du Coin, avec votre père.* » *Le maître de la pièce dit à votre père : Venez voir mon* » *blé gâté. Vous y êtes allés tous les deux. Vous prîtes* » *deux ou trois épis de blé, vous les frottâtes dans vos mains,* » *et tout tomba en poussière. Puis vous vous en retournâtes.* » *Quand vous étiez encore à demi-heure de Corps, votre père* » *vous donna un morceau de pain en vous disant : Tiens,*

» *mon enfant, mange ce morceau de pain, je ne sais pas qui*
» *va en manger l'an qui vient, si le blé continue comme ça.* »

MAXIMIN. — « *Oh! oui, Madame, je m'en souviens à pré-*
» *sent, tout à l'heure je ne m'en souvenais pas.* »

Après cela la Dame cesse de parler le patois de Corps,
et ne dit plus aux enfants que ces mots, mais en français :
« *Eh bien, mes enfants, vous le ferez passer à tout mon*
» *peuple.* » Puis elle passe le ruisseau, et à deux pas du
ruisseau, sans se retourner vers les enfants, elle leur répète encore : « *Eh bien, mes enfants, vous le ferez passer*
» *à tout mon peuple.* »

REMARQUES CRITIQUES.

Je le demande maintenant, a-t-on raison d'appeler
inepte, puéril, ridicule, inconvenant, un discours qui a
pour lui tout l'abandon du cœur et toute la sublimité de
la pensée, joints à la simplicité et à la dignité du langage,
comme il est aisé de le remarquer dans tout son ensemble?
Quelle apparition fut jamais plus digne d'intérêt et plus
touchante que la glorieuse apparition de Marie à la Salette? Je n'en connais qu'une, c'est la dernière apparition
triomphante de Jésus à Jérusalem. Ces deux apparitions
ont une ressemblance trop frappante pour qu'on ne me
permette pas de les mettre ici en regard pour en faire la
comparaison.

Jésus verse des larmes d'amour sur l'ingrate Jérusalem !

Marie pleure abondamment sur l'ingratitude de son
peuple.

Jésus, en entrant dans Jérusalem, lui rappelle encore une fois ses bontés et la tendresse de son amour. Rien de plus touchant que son langage !

Marie rappelle à son peuple sa maternelle affection et sa tendre sollicitude. Rien, non, rien de plus tendre que sa manière de s'exprimer.

Jésus menace Jérusalem d'une ruine prochaine.

Marie menace son peuple de grands maux qui commencent à sévir.

Jésus fait entrevoir à Jérusalem le jour de grâce et de bonheur, si elle veut se convertir. Oh ! ici surtout, que sa parole est touchante !

Marie fait entrevoir un siècle de prospérité et d'abondance, si son peuple veut sincèrement se convertir.

Le triomphe de Jésus monté sur un simple ânon trouva des opposants audacieux et acharnés parmi les princes et les docteurs du peuple.

Le triomphe de Marie à la Salette a trouvé parmi les oints de son Fils et parmi les savants du peuple, des opposants non moins acharnés qu'audacieux.

Jésus confie à des enfants encore à la mamelle le soin de publier sa louange.

Marie confie à deux jeunes bergers le soin de confondre ses plus astucieux ennemis.

Dites, aurait-on raison d'appeler imprudent un discours qui nous rappelle les deux principales choses qui doivent faire en ce monde l'objet de toutes nos sollicitudes : le salut de notre âme et le soin de notre vie temporelle, deux choses qui ne sont que trop évidemment et trop malheureusement menacées !

Je le demande encore, a-t-on droit aujourd'hui d'appeler faussement prophétique un discours dont les menaces futures commencent à avoir leur accomplissement à l'heure où parle la belle Dame; qui ont eu chaque année depuis leur accomplissement plus littéral encore, et qui, en ce moment plus que jamais, nous menacent de leur entier accomplissement?

Depuis quelques années nos philosophes politiques disaient tout haut que la famine est désormais impossible en France et en Europe, depuis qu'on a introduit chez nous la culture de la pomme de terre. Eh bien, la voilà attaquée d'une maladie inconnue, qui nous force d'avouer que le doigt de Dieu est là pour nous menacer et pour nous punir.

Déjà, à la fin de 1846, la récolte des pommes de terre, qui n'avait jamais été si abondante sur les montagnes du Dauphiné, manquait presque entièrement dans tous les ménages des pays voisins de la Salette.

Déjà, à la fin de 1847, la malheureuse Irlande était décimée par la famine, amenée par cette étrange maladie des pommes de terre. Nous sommes à la neuvième année où cette maladie règne dans tous les pays de l'Europe.

Ensuite, c'est-à-dire cinq ans plus tard, est venue la maladie de la vigne, que l'on croyait invulnérable. Déjà nous avons tous pu nous assurer qu'elle s'est fait voir en outre dans la noix, la pomme, la poire, la pêche, la prune, l'orange, l'olive, la betterave, le chou, et jusque sur les arbres non fruitiers, et jusque sur le buisson. Ils n'ont donc pas faussement prédit, en 1846, les deux bergers des Alpes, lorsqu'ils ont dit que *les noix deviendront boffes et que les raisins pourriront?* Plus on se réunira pour l'appeler faussement prophétique, plus cette désastreuse maladie durera et plus elle étendra ses ravages, jusqu'à ce que les horreurs de la famine nous aient contraints de reconnaître et d'avouer que celle qui a apparu à la Salette est la même qui, aux noces de Cana, obtint que l'eau fût changée en vin.

Enfin, osera-t-on dire que c'est provoquer à l'anarchie d'appeler les pécheurs à la pénitence et à l'accomplissement de leurs devoirs civils et religieux ? Ah ! plutôt, allons tous à la Vierge de la Salette, et disons-lui avec confiance et avec amour : O Marie ! qui pourra apaiser le juste courroux de votre Fils, si ce n'est vous ? O Vierge sans tache ! ô notre tendre Mère ! oui, priez, priez pour nous, maintenant et à l'heure de notre mort (1) !

(1) Chaque année, depuis la sainte apparition, est signalée par quelque désastre. Et voilà que dix ans plus tard, au moment où la France ne songeait plus qu'à jouir du fruit de ses victoires, en Crimée en 1855, et des bienfaits d'une paix solide et durable cimentée par toutes les puissances de l'Europe en 1856, le printemps de l'année 1856 est signalé par des inondations désastreuses dans presque tous les départements. Depuis 1816 aucune inondation n'avait atteint les proportions de celles du 31 mai 1856. Dieu veut que les hommes sachent que tant qu'ils se réuniront pour menacer le ciel, le ciel à son tour se montrera menaçant, jusqu'à ce qu'ils aient compris que le débordement des passions est la véritable cause du débordement des eaux. L'obstination à violer la loi du Seigneur provoque l'obstination de la Providence à nous punir, dit le cardinal archevêque de Lyon, dans son Mandement du 3 juin 1856 sur l'inondation.

TREIZIÈME OBJECTION.

Les opposants. — La belle Dame en commençant son discours en français, en le reprenant en patois et en le finissant en français, ne joue-t-elle pas un rôle un peu comique, et ne donne-t-elle pas par là lieu de croire qu'elle n'est pas la Reine des Cieux?

Réponse. — La belle Dame commence à parler français en adressant la parole aux enfants pour leur imprimer plus de respect et leur montrer de prime abord que son langage est en rapport avec son costume distingué. Elle reprend son discours en patois de Corps, pour mieux se faire comprendre et leur donner en même temps une grande idée de son savoir. Elle le termine en français pour qu'ils ne puissent pas douter que c'est la même Dame qui leur a parlé tout le temps quoique sous deux idiomes bien différents.

Qu'importe la langue sous laquelle on s'annonce? L'espèce d'idiome n'ajoute rien, et ne retranche rien à la dignité du langage. La langue française au reste n'est pas la première de toutes les langues; pourquoi voudrait-on que la noble Dame l'eût adoptée de préférence à toutes les autres langues?

D'ailleurs en parlant parfaitement le patois du pays la belle Dame répondait d'avance à la ridicule supposition qu'elle pourrait bien être une comédienne venue de Paris ou de Londres, ou quelque bohémienne venue de l'étranger ; parce que si les enfants avaient reçu le discours de la Dame de la bouche d'un étranger, il serait tout entier sous un seul idiome, ou tout patois, ou tout français.

Disons aussi que la sainte Vierge n'a jamais connu cette fade délicatesse de ces personnes, qui ne veulent pas que Notre-Dame de la Salette ait pu emprunter la langue de deux bergers des montagnes.

D'où nous devons conclure que la treizième objection ne présente pas l'ombre de raison.

AFFAIRE DE LAMERLIÈRE.

RÉPLIQUE.

LES OPPOSANTS. — Cette supposition qui vous paraît ridicule, *que ce pourrait bien être une étrangère qui a apparu à la Salette,* n'est-elle pas devenue une vérité de nos jours dans la bouche de l'abbé Déléon, qui a prouvé à toute la ville de Grenoble, en pleine audience de tribunal, que le rôle de la Salette est l'œuvre d'une demoiselle de Saint-Marcellin (Isère) ?

RÉPONSE. — L'abbé Déléon voyant qu'il devenait de plus en plus la fable et la risée du public en combattant la Salette par des suppositions toutes aussi dénuées de fondement les unes que les autres, et sommé de nommer enfin le personnage qui avait joué à la Salette un rôle si admirable et si évidemment surnaturel aux yeux des croyants, a essayé de donner le change à l'opinion publique,

en se hasardant à mettre en jeu une demoiselle appartenant à une honorable famille de Saint-Marcellin; et cela
sept ans après l'événement, et cela plusieurs années après
que l'autorité eut approuvé canoniquement et dogmatiquement le miracle de l'apparition. Mais son génie l'a mal
servi dans cette nouvelle ruse, comme dans tous ses coupables efforts contre la Salette. Nous allons résumer les
faits pour ceux qui ne les connaissent pas.

M. Déléon a d'abord osé faire imprimer, et publier dans
un pamphlet contre la Salette cette hardie, mais sacrilége
calomnie, que mademoiselle de Lamerlière avait ourdi et
conduit toute l'affaire de la Salette. Un journal de la capitale (*Le Siècle*) a accueilli avec bonheur cette fable comme
une bonne fortune, et lui a donné une grande publicité
dans ses colonnes en 1854 et 1855. (Voir surtout le nº du
22 janvier 1855).

Cette fable, que nous aurions voulu passer sous silence,
tant elle est digne de risée, a acquis un nouveau degré de
publicité en devenant une affaire de parquet en 1855.

Voici comment :

L'honorable famille de Lamerlière a d'abord dédaigné
de relever l'imposture de ceux qui ont voulu prêter à l'un
de ses membres l'ignoble fourberie d'un rôle à la fois
impie, mensonger et sacrilége, laissant à la divine justice
le soin de confondre ses faux accusateurs; mais ensuite
voyant qu'il pouvait en résulter du scandale à distance
chez ceux qui ignorent les circonstances, et voulant en
prévenir les suites, elle s'est à la fin décidée à demander
raison de cette étrange accusation devant le tribunal de
première instance à Grenoble.

Le public n'en a pas été plutôt instruit qu'il en a ri aux dépens de ceux qui ont voulu jouer la Salette en mettant sur la scène une famille honorable du diocèse de Grenoble.

On a aussitôt pris des informations; car il est difficile d'en imposer longtemps à un nombreux public, et l'on a su :

1° Que le 18 septembre 1846, veille du jour de l'apparition, Mlle de Lamerlière était à son domicile de Saint-Marcellin recevant en personne à trois heures du soir la visite d'un huissier parlant à elle-même ;

2° Que le domicile où résidait cette demoiselle le 18 septembre 1846 est éloigné de plus de cent vingt kilomètres de la Salette ;

3° Que cette demoiselle touche en 1854 à sa soixantième année ;

4° Qu'elle est douée d'un embonpoint plus qu'ordinaire, et qu'elle ne marche qu'avec peine et embarras ;

5° Qu'elle ne connaît pas un mot du patois des environs de la Salette ;

6° Qu'elle n'a jamais habité aucune des localités qui avoisinent cette montagne;

7° Que cette demoiselle a toujours fait preuve d'une franchise reconnue et d'une sincère piété.

D'où l'on a conclu, à la honte de ceux qui ont voulu lui prêter le rôle de la Salette :

1° Qu'il lui aurait été impossible de se transporter sur la montagne de la Salette pour le 19 septembre 1846;

2° Qu'elle n'aurait pu parler le patois de la Salette ;

3° Qu'elle est par caractère incapable d'emprunter

l'image d'une Dame étrangère, encore moins de jouer le rôle d'un personnage céleste ;

4° Qu'elle n'aurait pu disparaître aux yeux des bergers sur un plateau parfaitement découvert, d'où l'on aperçoit et d'où l'on peut facilement distinguer au loin chaque objet.

Et c'est ainsi, comme nous l'avons déjà fait remarquer un peu plus haut dans la treizième objection, que la belle Dame en mêlant le patois au français dans son noble discours, semble avoir voulu vouer d'avance au suprême ridicule ceux qui voudront se donner le bas plaisir de lui ravir la gloire et le mérite de sa miséricordieuse apparition parmi les enfants de son peuple chéri.

Ceux qui ne veulent pas faire hommage à la sainte Vierge de sa miraculeuse apparition à la Salette, ne voient pas dans quelles conséquences inexplicables ils se jettent. En niant que c'est la sainte Vierge qui a apparu et qui a parlé aux bergers, ils sont forcés d'admettre que les bergers sont les auteurs de tout ce rôle admirable. Ils sont obligés en conséquence de prêter aux bergers le plus beau discours qui soit sorti d'une bouche humaine à l'époque de l'apparition ; et de leur attribuer la gloire d'avoir eu le talent d'en imposer à tout l'univers.

Selon eux les bergers des Alpes sont deux personnages qui n'ont pas leurs semblables dans l'histoire du monde ! Et c'est le siècle des lumières et de tous les progrès qui aura vu cette merveille ; et c'est le pays le plus civilisé de la terre qui en aura été le théâtre !

Mais lorsqu'on considère que ces deux héros sans pareils, qui ne connaissent pas une seule lettre de l'alphabet, sont par leur nature , leur caractère , leur éducation, leurs habitudes, leurs relations civiles, incapables d'avoir eu seulement la pensée de tout cela ; et que par le défaut absolu de tous moyens humains ils sont encore plus incapables d'en venir à l'exécution, l'étonnement est à son comble , et l'on comprend que, pour se tirer de là, les opposants soient obligés de recourir à des fables comme celle de Lamerlière. Mais aucune de leurs fables ne pourra jamais éclipser l'apparition réelle, qui s'explique facilement sans recourir à l'absurde et à l'impossible.

QUATORZIÈME OBJECTION.

Les opposants. — Le costume de la belle Dame invitant son peuple à la pénitence n'est pas en rapport avec son langage, ni avec son attitude de tristesse ; ce qui donnerait à croire qu'elle n'est pas une envoyée du Ciel.

Réponse. — La belle Dame dans sa miséricordieuse apparition a dû surtout avoir à cœur de mettre les témoins de cette merveille dans le cas de ne pouvoir jamais confondre son image avec celle de toute autre dame, fût-elle la plus grande reine du monde. C'est pour cela qu'elle leur apparaît avec un costume tout à fait singulier pour notre temps et pour nos pays.

COSTUME DE LA DAME.

Bonnet. Elle avait un bonnet haut, un peu recourbé en avant : espèce de diadème. Une couronne de roses ornait tout autour son bonnet.

Fichu. Elle avait un fichu blanc orné de roses tout au tour.

Robe. Elle avait une robe blanche parsemée de perles jaunes brillantes.

Tablier. Son tablier était jaune tout parsemé de perles jaunes brillantes.

Bas. Ses bas étaient de couleur jaune.

Souliers. Elle avait des souliers blancs, dont les agraffes étaient en métal jaune et brillant, et qui étaient bordés autour de roses de toutes couleurs.

Croix. Une croix brillante avec son christ soutenue par une petite chaîne, le tout en or, pendait sur sa poitrine.

Marteau. Un marteau reposait sur le côté gauche de la croix.

Tenailles. Une paire de tenailles reposait sur le côté droit de la croix.

Grandechaîne. A chaque extrémité du croisillon pendait une assez longue chaîne en métal jaune brillant.

Taille. Sa taille était grande, plus grande que la taille ordinaire la plus haute.

Visage. Elle avait la figure blanche et allongée; sa face était rayonnante d'une lumière éblouissante.

Attitude. Elle apparaît d'abord assise sur une pierre détachée de la roche de la montagne, au-dessus d'une fontaine alors tarie, et qui a toujours coulé depuis; elle avait la face dans ses mains; mais elle s'est levée pour parler aux enfants, et est restée tout le temps debout les bras croisés et les mains cachées sous les plis des manches de sa robe. Ses yeux versaient de groses larmes pendant qu'elle parlait aux enfants, et sa voix était celle d'une mère affligée, quoique d'une douceur incomparable.

Ce costume ne peut évidemment convenir qu'à la Mère de Jésus crucifié. La richesse, l'éclat, la forme indiquent une reine.

Pourquoi ne veut-on pas que ce costume puisse s'accommoder à son langage? La reine Esther ne se revêtit-elle pas de ses habits de gloire, lorsque la douleur dans l'âme elle se présenta devant le roi Assuérus, afin d'implorer grâce pour son peuple dont Aman avait résolu la perte? L'habit ne fait qu'indiquer la dignité de la personne. On peut être aussi triste sous un habit de soie que sous un habit de coton. Jésus-Christ lui-même ne dit-il pas dans son Evangile : « Quand vous jeûnez, lavez-vous la » face, afin qu'on ne s'aperçoive pas que vous êtes triste? » (*Matth.* vi, 17 et 18.)

RÉPLIQUE.

LES OPPOSANTS. — Ne répugne-t-il pas de voir la bienheureuse Vierge pleurer, maintenant qu'elle est dans un état de béatitude parfaite?

RÉPONSE. — Tout ce qu'on voit sur la montagne n'est que figure et représentation. Marie pleure à la Salette, mais elle se réjouit dans le ciel. Il n'y a rien là qui répugne à la foi et à la raison.

PETIT DIALOGUE

sur la signification morale de l'attitude et du costume de la Dame.

Demande. Marie, dans son apparition mystérieuse à la Salette, n'a-t-elle pas voulu nous instruire autant par son attitude et par son costume que par ses paroles et par ses larmes?

Réponse. On peut le penser.

Demande. Pourquoi se montre-t-elle dans l'attitude d'un profond recueillement?

Réponse. La Dame vient remplir une grande et noble mission, et c'est pourquoi elle se recueille et s'y dispose par une sérieuse et profonde méditation. C'est ce que signifient la solitude profonde dans laquelle elle se montre et tout l'extérieur de sa personne. Elle est assise et a la figure dans ses mains. Elle ne veut pas même voir les objets silencieux qui l'entourent : ce sont des rochers, ce sont quelques fleurs bleues qui ornent le vert gazon qui tapisse toute cette charmante solitude. « Hélas ! dit le prophète Isaïe, la première cause de nos maux vient de ce que nous ne savons pas réfléchir sérieusement dans nos cœurs. »

Demande. Pourquoi la noble Dame se lève-t-elle pour parler à de pauvres enfants? N'eût-il pas été plus noble et plus digne d'elle de rester assise?

Réponse. Elle se lève pour parler aux enfants, afin de nous apprendre qu'il faut passer de la méditation à l'action et accomplir avec courage et persévérance l'emploi ou la mission que Dieu nous a confiée sur la terre. Voilà pourquoi elle reste debout pendant tout le temps qu'elle parle aux enfants.

Demande. Pourquoi sur son costume de reine voit-on briller un beau christ?

Réponse. Pour nous apprendre que quelque distingué et quelque brillant que puisse être le costume sous lequel on est obligé de paraître dans le monde, on ne doit jamais oublier l'image de celui qui nous a rachetés au prix de tout son sang, ni rougir d'en porter les livrées.

Demande. Pourquoi s'adresse-t-elle aux deux sexes pour nous rappeler nos devoirs et nous dicter les volontés de son Fils?

Réponse. Pour nous apprendre que les deux sexes doivent se prêter leur mutuel appui pour l'accomplissement des volontés du Seigneur. L'homme ne devrait jamais oublier que Dieu lui a donné dans la femme un auxiliaire en tout semblable à lui, pour l'aider à porter les charges de la vie présente et la lui rendre plus agréable. La femme, de son côté, devrait toujours se rappeler qu'elle doit partout se montrer comme l'humble servante du Seigneur, que sa condition a condamnée à la souffrance, et non comme une déesse vouée à la volupté.

Demande. Pourquoi, sous un air resplendissant de gloire et de majesté, la voit-on pleurer tout le temps?

Réponse. Pour nous rappeler que notre terre est une vallée de larmes, où personne ne peut s'affranchir de la loi d'expiation. Que les rois et les reines eux-mêmes doivent mêler leurs pleurs avec ceux de leurs sujets; s'ils veulent un jour partager la joie céleste des habitants du paradis.

QUINZIÈME OBJECTION.

Les opposants. — L'espèce de mystère dont les enfants ont environné le secret que leur a confié la Dame, donne à croire qu'ils ne sont pas bien sincères.

Car pourquoi un secret dans une révélation? Et s'ils

sont réellement dépositaires d'un secret, qui n'a point de rapport avec la révélation, pourquoi en parlent-ils?

Réponse. — Les bergers n'auraient pas même su qu'ils étaient tous les deux porteurs d'un secret confié par la Dame, si l'un d'eux n'avait questionné l'autre pour savoir ce que lui disait la Dame, à qui il voyait remuer les lèvres quelques instants sans cependant rien comprendre. C'est qu'elle m'a dit un secret, dit l'un de ces enfants à l'autre, et elle m'a défendu d'en parler. Alors l'autre répondit que la Dame lui avait aussi dit des choses qu'elle lui avait recommandé de ne dire à personne (1).

Ce secret renferme très-certainement des choses qu'il n'est pas expédient que tout le monde sache. Voilà pourquoi la Dame leur a défendu d'en parler. Quoi qu'il en soit, le sans façon avec lequel ils avouent tenir chacun un secret de la Dame, la fidélité et la réserve que chacun d'eux a montrées à garder son secret, sans que ni l'un ni l'autre se le soit jamais fait connaître, loin de montrer que ces enfants ne sont pas sincères dans le récit qu'ils font des paroles de la Dame, est une preuve très-forte en faveur de leur sincérité. En effet, peut-on compter sur la parole de celui qui n'a rien de secret, qui ne sait rien garder? Non. Au contraire, ne doit-on pas ajouter foi à la parole de celui qui se ferait tuer plutôt que de trahir un secret? Très-certainement oui. Si donc ni les opposants les plus prononcés, ni les dévots les plus zélés envers la

____

(1) C'est après ces mots : « *les raisins pourriront* » que la Dame a confié un secret à Maximin, ainsi qu'à Mélanie.

Salette n'ont jamais pu entamer le secret de ces deux incorruptibles témoins de l'apparition, on doit les croire sincères et amis de la vérité.

Vous me demandez pourquoi un secret dans une révélation ? Mais tout pourrait être donné sous le sceau du secret dans une révélation, et rien ne répugne que la belle Dame ait voulu révéler des choses de ce genre à l'un et à l'autre des deux bergers. Leur profond silence vous inquiète ; mais pourquoi vous inquiéter, puisqu'ils n'ont pas mission de vous les faire connaître ? (Voyez lettre de M. Gerin, porteur des secrets à Rome, page 29.)

SEIZIÈME OBJECTION.

Les opposants. — Les propagateurs du miracle de la Salette abusent de la crédulité publique, pour exploiter la bourse des bonnes gens à leur profit.

Donc on doit se méfier d'eux.

Réponse. — Cette objection renferme une calomnie odieuse et sacrilége. C'est comme si vous disiez que tous ceux dont la Providence s'est servie pour faire connaître l'événement de la Salette sont des jongleurs, des escrocs. Cette calomnie tomberait en premier lieu sur le bon et brave curé de la Salette, qui le lendemain de l'apparition en a parlé à son prône en versant des larmes. Or qui a jamais eu seulement la pensée que ce vénérable vieillard fût capable d'une jonglerie?

Elle tomberait en second lieu sur tous les habitants de la Salette, et notamment sur M. P. Peytard, maire de la commune, qui a confirmé par une déclaration du 9 décembre 1847 les dépositions en faveur de l'apparition de Baptiste Pra et de Pierre Selme, anciens maîtres des enfants; puis sur M. F. Long, suppléant du juge de paix à Corps, qui a cru devoir transmettre au procureur du roi à Grenoble une relation fidèle de ce grand événement datée du 22 mai 1847; puis sur M. Mélin curé archiprêtre de Corps, bien connu par la sagesse et la maturité de son jugement; puis sur Mgr Villecourt, évêque de la Rochelle, qui a été un des premiers à publier ce fait par la voie de la presse; puis enfin, pour abréger, sur tous les dignes ecclésiastiques du diocèse de Grenoble, qui ont formé les commissions chargées par leur évêque d'examiner le fait, et qui l'ont admis presque à l'unanimité. Certes, tous ces honorables personnages, sans parler de mille autres connus par leur désintéressement, n'ont pas voulu et n'auraient pas pu s'entendre pour exploiter la bourse des bonnes gens pour le bon plaisir d'accréditer un mensonge sacrilège.

Mais de bonne foi, voyons : avez-vous jamais entendu dire qu'on eût mis quelque part la Salette à l'encan, et qu'on eût vendu à prix d'argent la pieuse croyance à ce miracle? Avez-vous jamais oui dire que l'autorité ecclésiastique, chargée de veiller au dépôt de la foi et au maintien du culte, ait autorisé, ou même toléré cet abus de quelque manière que ce soit? Lorsque, pour détruire un fait, on est obligé de recourir à des calomnies aussi absurdes et aussi odieuses que celles que vous formulez dans la seizième objection, c'est une preuve que le fait est vrai et inattaquable.

RÉPLIQUE.

Les opposants. — Les apparitions célestes établissent ordinairement des pèlerinages ; les pèlerinages font vendre des images, des médailles, des livres, font gagner les débitants, etc. ; c'est une branche de commerce comme une autre.

Donc nous ne calomnions pas en disant que les propagateurs de ce fait exploitent la bourse des bonnes gens.

Réponse. — S'il n'y avait que des marchands d'images, de livres et de médailles, que des aubergistes, des débitants pour propager le fait de la Salette, votre objection n'aurait pas toute la couleur d'une noire et sacrilége calomnie ; mais ces sortes de personnes ne sont absolument pour rien dans la publication de la vérité du miracle. Il n'était nullement question de la Salette avant l'événement ; ce pays était l'un des moins connus du monde, et le pèlerinage n'a commencé qu'après le bruit de l'apparition. Donc ni le pèlerinage, ni la vente des objets qui ont rapport au fait de la Salette, n'ôtent rien à la malice de votre absurde calomnie.

Dans vos raisonnements vous prenez l'effet pour la cause. La vente de l'eau de la fontaine, de la pierre

même qu'a honorée la présence de l'auguste Messagère
la vente des images et des médailles qui rappellent cet
événement, ne sont pas la cause de l'apparition, ne font
pas que l'apparition ait lieu; mais elles en sont la suite et
les effets. Rien de tout cela n'avait lieu avant l'événement. Donc c'est l'apparition réelle qui est cause de tout
cela. Et loin d'être un argument contre les propagateurs du fait, tous ces objets viennent à l'appui de leur
témoignage. Pourquoi nous défendre de transmettre à
nos descendants le souvenir des merveilles dont nous
avons été les témoins? Et comment les transmettrons-
nous autrement que comme cela s'est toujours pratiqué,
c'est-à-dire, par des monuments et par des écrits?

DIX-SEPTIÈME OBJECTION.

Les opposants.—Les catholiques partisans de la Salette
ont intérêt à soutenir ce fait; car, dit-on, cela fait du
bien; cela ranime la dévotion envers la sainte Vierge;
cela opère quelques conversions; cela amène le bien-
être et l'aisance dans un pays assez déshérité de la nature,
et lui donne de la célébrité.

Or toute croyance qui a pour base un vil intérêt doit
être repoussé par le vrai fidèle.

Réponse. — Nous avons fait voir dans les réponses aux
précédentes objections que les vrais et bons catholiques

ont admis le fait de la Salette indépendamment de toute considération qui ne se rattache pas immédiatement an fait lui-même.

Il est bien certain qu'il est de l'intérêt de la religion que les catholiques soutiennent un fait qui est de nature à produire un grand bien, tel que celui de ranimer la dévotion envers la Mère de Dieu, tel encore que celui de ramener les pécheurs à Dieu. Mais ce n'est pas en soutenant une imposture qu'on peut opérer ces grands biens. La religion catholique a toujours eu en horreur ces sortes de moyens, et n'y aura jamais recours ; parce que la religion catholique a toujours été la gardienne et le soutien de la vérité. Or de même, dit Jésus-Christ, qu'on ne peut jamais allier les ténèbres avec la lumière, de même aussi les bons catholiques ne seront jamais partisans d'une rêverie mensongère.

Quand même il résulterait de ce fait un certain avantage temporel pour quelques personnes ou pour quelques localités voisines du théâtre de l'événement, est-ce une raison pour rejeter ce fait ? Dites donc aussi qu'il faut rejeter le miracle de la résurrection de Jésus-Christ, parce que le lieu de son glorieux sépulchre attire des quatre parties du monde de nombreux pèlerins, qui par leurs aumônes et leurs dépenses quotidiennes procurent une certaine aisance aux habitants des saints Lieux. L'église a toujours soutenu et encouragé une dévotion qui a pour cause une faveur céleste, et pour but la gloire de Dieu et le salut des âmes. Je suis d'accord avec ceux qui nous disent que tout vrai fidèle doit repousser une dévotion qui n'a pour base qu'un vil intérêt. Mais l'intérêt temporel n'entre absolument pour rien dans la dévotion à Notre-Dame de la Salette. Ce ne sera donc jamais qu'une véritable impiété masquée, ou une maligne envie qui osera nous tenir le raisonnement que vous nous faites dans la dix-septième objection.

Que tous ceux qui portent à la Salette une si implacable envie se mettent aussi à l'œuvre. Il y a encore bien des localités non moins déshéritées que la Salette Fallavaux; qu'ils essayent, s'ils le peuvent, d'y établir aussi des pèlerinages, afin d'y amener avec la piété, le bien-être et l'aisance. S'ils connaissent si bien le secret de faire marcher les masses, les populations les plus lointaines, pourquoi n'en pas faire usage?

Mais qu'on me permette de demander en toute simplicité : Pourquoi cette haine jalouse contre la Vierge de la Salette? N'est-ce pas aussi bien et aussi bon d'honorer la sainte Vierge sous le nom de la *Salette*, que sous le nom de Notre-Dame de *Fourvières*, de Notre-Dame de la *Garde*, de Notre-Dame du *Laus?* Qu'importe le nom du territoire ou de l'objet sous lequel Marie nous invite à recourir à sa puissante médiation? En faisant le procès au pèlerinage de la Salette, vous faites le procès à tous les pèlerinages de l'univers catholique.

Donc au fond votre objection renferme une impiété manifeste et une basse jalousie : et par conséquent vous devez vous attendre que le bon chrétien, que le vrai fidèle ne repoussera jamais la pieuse croyance au miracle de la Salette que vous n'avez pas honte de qualifier de basse spéculation.

DIX-HUITIÈME OBJECTION.

Les opposants. — Nous ne nous arrêtons pas ici à des noms propres, pour ne pas faire des personnalités odieuses; mais nous ne pouvons nous empêcher de reconnaître que les auteurs des publications sur l'événement de la Salette, et notamment celui qui a été chargé par Mgr l'évêque de Grenoble de présenter les rapports des commissions sur cet événement, sont à nos yeux des hommes peu consciencieux, passionnés, donnant souvent à côté de la vérité, et décidés à ne reculer devant aucune supposition, aucun mensonge, plutôt que de laisser tomber le miracle de la Salette.

Donc la Salette ne doit la vie qu'à une coterie sacrilége, ou plutôt à un abus de pouvoir.

Réponse. — Cette objection est l'objection favorite des opposants les plus avancés. Il leur tardait bien à eux de me la faire, et il me tardait à moi de l'entendre. Pour y répondre je ne veux que vous adresser les deux questions suivantes :

1° Y avait-il dans le diocèse de Grenoble, lors de l'événement, et y a-t-il eu depuis une autorité légitime et compétente pour veiller à la garde de la foi et au maintien du culte? Vous êtes contraints de répondre *oui*.

2° Cette autorité s'est-elle emparée de l'événement de la Salette, pour en faire un examen sérieux selon les règles des canons? Vous êtes encore forcés de répondre ici *oui*.

Eh bien, pourquoi vouloir vous immiscer contre les règles canoniques dans l'étude d'un fait, où vous êtes absolument incompétents, quels que soient votre caractère, votre rang, votre savoir, votre mérite et votre zèle? Pourquoi persister à ourdir contre l'autorité compétente une opposition systématique, laquelle, après s'être voilée de l'anonyme, après avoir emprunté le pseudonyme, en est venue à une révolte ouverte et scandaleuse, au point de contraindre cette autorité, saisie du fait, à faire usage contre vous du glaive de l'excommunication?

Elles resteront gravées dans la mémoire des adhérents comme un monument en faveur de l'apparition, et comme un stigmate, dont vous ne vous laverez jamais, les paroles suivantes, que nous lisons dans la circulaire de Mgr l'évêque de Grenoble du 16 juin 1852 adressée à tous ses prêtres.

« Ce n'est pas sans une profonde douleur (dit cet évêque
» non moins méritant par ses vertus que vénérable par
» son grand âge,) que nous venons aujourd'hui vous
» signaler la sacrilége audace avec laquelle, au mépris
» de notre Mandement du 19 septembre 1851, on fait
» pleuvoir au milieu de vous un déluge d'indignes et
» grossiers couplets contre le fait de la Salette : produc-
» tions anonymes, où les choses saintes sont insultées à
» la manière des impies et des hommes qui n'ont pas la
» foi; où l'autorité que nous tenons de Dieu et de son
» Église est outrageusement vilipendée; où notre conseil
» épiscopal et les membres les plus distingués de notre

» clergé sont horriblement injuriés ; où enfin le mensonge
» et la calomnie le disputent à la bassesse des idées, à la
» grossièreté des termes, à la bouffonnerie du style. En
» lisant de pareilles pièces, votre juste indignation a égalé
» l'amertume de notre cœur ; et chacun de vous, j'en
» suis sûr, aurait voulu épargner cet affreux déboire à
» mes cheveux blancs et à mes vingt-six ans d'épiscopat. »
Cette circulaire frappe ensuite de suspense les auteurs des
chansons et des notes contre la Salette.

Les opposants ne liront pas non plus sans froncer les
sourcils, la touchante allocution de Mgr l'évêque de Grenoble aux prêtres retraitants, du 12 septembre 1852, que
nous rappelons ici.

« Après mes Mandements du 19 septembre 1851 et
» du 1er mai de cette année, il semble que nous avions
» droit à quelque consolation et à quelque repos. L'adhé-
» sion publique d'un grand nombre de mes collégues,
» l'adhésion particulière d'un plus grand nombre encore,
» l'insertion de mes deux Mandements dans un journal
» romain avec la permission de la censure épiscopale,
» une souscription ouverte en faveur de la Salette dans
» la capitale du monde chrétien, des sanctuaires élevés
» en l'honneur de Notre-Dame de la Salette à Nantes, à
» Morlaix, dans le Nord, en Belgique, etc., et beaucoup
» d'autres circonstances me prouvaient que non-seule-
» ment je n'ai pas outre-passé le droit qui m'est conféré
» par les saints canons, mais encore qu'en usant de ce
» droit, j'ai réjoui le monde chrétien.

» L'opposition qui avait été permise et même utile
» pendant les quatre ans qui ont précédé mon jugement,
» est devenue, depuis deux ans, ardente, injuste, passion-
» née. Depuis mes Mandements, elle n'est plus aux yeux
» d'un grand nombre de mes collégues et des théolo-
» giens les plus estimables, elle n'est plus qu'une révolte
» contre l'autorité. Elle n'est plus, ajoute-t-on, que le
» dépit de l'orgueil qui ne veut pas avouer qu'il s'est
» trompé. Elle se produisait, il y a deux mois, par d'infâ-
» mes chansons, accompagnées de notes révoltantes et
» calomnieuses. J'ai dû les flétrir comme elles le méri-
» taient. Vous les avez flétries vous-mêmes avec autant
» d'énergie que d'unanimité. Vos protestations resteront
» dans les archives de l'évêché comme un monument
» impérissable de votre respect filial envers votre évêque,
» et de votre parfait accord avec lui. Dieu en soit loué !
» Mais qui le croirait? trois jours seulement avant la
» retraite, et dans la coupable intention, sans doute, d'en
» troubler la paix, on a publié dans la ville (Grenoble)
» une brochure encore plus infâme que les chansons,
» dont l'auteur affectant d'être catholique et même res-
» pectueux envers la sainte Vierge, montre son ignorance
» en théologie, en droit canon et en histoire ecclésiastique.
» Ressassant des objections surannées et parfaite-
» ment résolues depuis longtemps, il s'applique surtout
» à déverser l'injure, le mépris et la calomnie sur mes
» actes les plus légitimes, sur tous les croyants et les dé-
» fenseurs du fait de la Salette; il n'épargne pas les
» plus respectables prêtres qui m'entourent de leur affec-
» tion et qui ont toute ma confiance.

» Vous partagez déjà, je le sais, messieurs et bien-
» aimés coopérateurs, ma juste douleur; ce n'est que
» dans mon diocèse que se trouvent des opposants aussi
» audacieux; plaise à Dieu que ce ne soit pas dans les
» rangs de mon clergé ! Mais si c'est dans son sein que
» se trouvent les coupables, et s'ils ne sont déjà sous le
» coup de quelque sentence épiscopale, nous renouve-
» lons contre eux les peines portées par notre circulaire
» du 16 juin, c'est-à-dire, la suspense *ipso facto* avec
» toutes les clauses qui suivent; et s'ils publient ou con-
» tribuent à faire publier encore quelque chose de pareil,
» nous les frappons d'excommunication comme coupables
» de semer le scandale parmi les fidèles, la division
» dans le clergé et la révolte contre l'autorité épis-
» copale. »

Ces deux pièces attesteront aux siècles futurs que le
digne évêque de Grenoble pendant son long et glorieux
épiscopat s'est vu pour la première fois dans la triste
nécessité de faire usage du glaive terrible de l'excommunication contre les opposants au fait de la Salette; quelle
honte pour eux !

Quelle honte pour eux d'avoir voulu se donner le bas et
criminel plaisir de noircir la réputation d'honorables
membres du clergé de Grenoble par un pamphlet, dont
pas un d'entre eux n'a osé prendre sur lui la responsabilité,
tant il est empreint du cachet des ténèbres !

Quelle honte pour eux d'avoir paru ignorer qu'il existe
dans l'église une parfaite hiérarchie, et qu'on n'a pas

besoin de recourir à des moyens réprouvés par la saine raison pour signaler un abus, si abus il y a !

Quelle honte pour eux d'avoir regardé comme un droit, et de s'être fait pour ainsi dire un devoir de nier et de ridiculiser une apparition céleste, de braver l'autorité ecclésiastique, de calomnier des frères, de vilipender des supérieurs !

Quelle honte pour eux de n'avoir reculé devant aucun moyen pour répandre le scandale de leur ridicule opposition dans tout l'univers catholique, comme le montre une nouvelle brochure contre la Salette décorée du titre plus comique qu'imposant de *la Salette devant le Pape!* Comme si la cause de la Salette n'avait pas été jugée selon toutes les règles du droit! Comme si les opposants pouvaient encore espérer de forcer le Pape et le nouvel évêque de Grenoble, par de nouvelles bordées d'injures, à réformer tout ce qui a été fait et dit en faveur du miracle de la Salette !

Mais c'est le propre de l'orgueil de ne s'arrêter devant aucune considération dans toutes les questions, jusqu'à ce qu'il ait été enfin brisé. Or il était réservé au digne successeur du vénérable prélat, qui a proclamé vrai le fait de la Salette, de démasquer l'opposition et de lui porter le dernier coup par son mandement du 30 septembre 1854.

Voici comment s'exprime le savant nouveau prélat dans la condamnation de cette œuvre de ténèbres. Comme nous citons à la vingt-cinquième objection les considérants de ce mandement si remarquable de sagesse, de savoir et de raison, nous nous bornerons ici aux conclusions.

CONCLUSIONS

DU MANDEMENT DE Mgr GINOULHIAC

du 30 septembre 1854.

« Article premier. Nous condamnons le livre intitulé :
» *La Salette devant le Pape...* Grenoble, imprimerie Redon, 1854,
» comme contenant, d'une part, des propositions respecti-
» vement erronées, téméraires, scandaleuses, subversives de
» l'ordre et du gouvernement ecclésiastique, sentant le presby-
» térianisme et le favorisant, et déjà condamnées, soit
» expressément, soit dans leurs principes, par les Souverains
» Pontifes, et principalement par la Constitution *Vineam*
» *Domini Sabaoth*, de Clément XI, et par la Bulle dogma-
» tique *Auctorem fidei*, de Pie VI;
» D'autre part, comme contenant aussi, à l'égard de notre
» vénérable prédécesseur et des Prêtres respectables de notre
» Diocèse, des allégations et imputations de faits, qui consti-
» tuent, au sens des Canons de l'Église, une véritable
» diffamation.

» Art. 2. Nous défendons à tous les fidèles de notre Diocèse
» de lire ce livre, de le garder et de le propager, sous
» peine d'excommunication ; et à tous les Ecclésiastiques de
» le lire, de le garder, de le répandre en quelque manière
» que ce soit, sous peine de suspense encourue par le
» seul fait, et réservée personnellement à Nous et à nos
» successeurs.

» Art. 3. Nous défendons, sous les mêmes peines, de
» lire, de retenir et de propager les *prospectus* dudit ouvrage,
» et aussi les deux volumes intitulés : *La Salette Fallavaux*,
» par Donnadieu.

» Et sera notre présent Mandement lu et publié à la Messe
» paroissiale dans notre Église cathédrale et dans toutes les

» autres Églises et Chapelles publiques de notre Diocèse, le
» Dimanche qui en suivra la réception.

» Donné à Grenoble, etc., le 30 septembre 1854.

» † M. ACHILLE, *Évêque de Grenoble.* »

Après les conclusions de ce mandement, quelle issue
reste-t-il aux opposants pour échapper à la honte d'être à
jamais considérés comme des calomniateurs, en ce qu'ils
ont présenté comme des hommes passionnés et vendus au
mensonge les honorables rapporteurs du fait de la Salette?
Je n'en vois aucune. Diront-ils que le nouvel évêque, pour
les juger, s'est entouré, lui aussi, d'hommes passionnés
et vendus à la cabale ? Mais ce ne sera pas par de nouvelles
calomnies qu'ils justifieront leurs libelles diffamatoires.
Les opposants, dont il est ici question, s'étaient peut-
être imaginés qu'ils pourraient se jouer de l'autorité ecclésiastique, comme ils se sont joués de l'opinion publique; mais ils ont été bien trompés. En deux ans et trois
mois ils ont eu recours trois fois à la presse pour se railler
de la Salette, et chaque fois leurs écrits ont été accueillis
par les anathèmes de l'Église. Le premier anathème du
16 juin 1852, le second du 12 septembre 1852, et le troisième du 30 septembre 1854. Ils ont pu croire, peut-être,
dans leur aveugle délire, que l'opinion publique les ven-
gerait des anathèmes de leur évêque; mais l'opinion publique n'a fait qu'applaudir à l'autorité, qui veille au dépôt de la saine doctrine et de la saine morale. Ils ont eu
beau mettre en avant que s'ils ont osé en appeler devant
le public, contre la conduite de leurs supérieurs, c'était
avec la conscience du devoir et l'autorité du droit; le pu-

blic leur a répondu que, dans tous leurs procédés contre la Salette, ils ont constamment ignoré la règle du droit et méconnu la ligne du devoir. Et c'est ainsi que leurs imputations, leurs injures et leurs calomnies n'ont servi qu'à mieux faire connaître la vertu de ceux qu'ils auraient voulu flétrir. C'est ainsi que sans les ténèbres de la nuit, par exemple, la lumière du jour serait moins belle et moins agréable.

Concluez maintenant, si vous voulez, que la Salette ne doit la vie qu'à un abus de pouvoir ; pour nous, nous conclurons avec plus de vérité et de raison que la Salette a eu jusqu'ici assez de vie et de force pour donner le coup de grâce à ceux qui espèrent en elle, et le coup de mort à ses fiers opposants.

DIX-NEUVIÈME OBJECTION.

Les opposants.—Si l'événement de la Salette est un miracle de la Sagesse divine, pourquoi l'évêque de Grenoble, qui seul a droit de le proclamer officiellement, a-t-il tant tardé à faire connaître son jugement doctrinal, qui n'a été publié que le 19 septembre 1851, c'est-à-dire cinq ans après l'événement ; et pourquoi encore a-t-il même défendu à tous ses prêtres d'en parler en chaire par sa circulaire du 9 octobre 1846 ?

1° En défendant à tous ses curés d'en parler aux peuples dans la tribune sacrée, n'a-t-il pas été contre la

Volonté divine? 2° Et en laissant le champ libre à la discussion, pendant l'espace de cinq ans, n'a-t-il pas été la première et principale cause de cette opposition violente, qui n'a plus gardé de mesures, depuis qu'il s'est prononcé sur le fait comme juge et comme évêque?

RÉPONSE. — L'Évêque, dans sa circulaire du 9 octobre 1846 ne défend point de parler de l'événement de la Salette, il rappelle seulement aux curés de son diocèse une loi disciplinaire de l'Église, qui défend, sous une peine très-grave, de le publier comme miracle dans la chaire de vérité, avant d'avoir son autorisation. Cette loi n'est point une loi arbitraire ou particulière au diocèse de Grenoble, mais une loi générale établie par le concile de Trente dans sa vingt-cinquième session. Ce concile décrète qu'aucune image inusitée ne sera exposée publiquement à la vénération des fidèles, ni aucun miracle nouveau ne sera publié sans l'approbation expresse de l'évêque diocésain. La raison de cette loi est facile à comprendre. En effet, comme l'Église est seule dépositaire de l'autorité spirituelle, seule, par conséquent, elle a le droit d'autoriser un pieux usage, comme celui de vénérer une image, et de juger de la nature et de la vérité d'un fait miraculeux. Car, disent les Pères du concile de Trente, de même qu'il n'y a rien de plus propre à instruire les fidèles et à les confirmer dans la foi que l'usage pieux des images et surtout l'éclat du miracle, de même aussi ce serait un grave abus d'exposer les fidèles à honorer de fausses images ou de fausses reliques, et d'admettre de faux miracles.

L'évêque de Grenoble a donc dû faire preuve d'une

sage lenteur dans la publication de son jugement doctrinal sur le fait de la Salette, admis comme miracle par les uns et contredit par d'autres. Il ne pouvait rien statuer ni pour, ni contre ce fait, avant d'avoir fait procéder juridiquement selon les formes voulues à l'examen de tout ce qui établit le fait. Il sait, cet évêque, qu'il aura à répondre devant Dieu et devant les hommes de la sagesse de ses jugements, qui devront être la règle de croyance du pieux fidèle; et c'est pour cela qu'il a besoin de prendre du temps pour bien connaître la cause. Il n'ignore pas d'un côté qu'il sera accusé de lenteur et même blâmé par un grand nombre de pèlerins surtout, qui ont pu se convaincre de la vérité de l'apparition dès les premières informations; mais il prévoit aussi de l'autre qu'il y en aura qui l'accuseront d'être allé trop vite, et de n'avoir pas laissé au temps et aux choses le soin de juger cette affaire. C'était à lui à prendre le juste milieu et à statuer, comme le dit le saint concile de Trente, session vingt-cinquème, ce qui lui paraîtrait le plus convenable et le plus utile. Personne donc, sauf le souverain Pontife, n'avait le droit alors, pas plus qu'aujourd'hui, de l'accuser de trop de lenteur ou de trop de précipitation. Dans un fait, tel que celui d'une apparition miraculeuse, il est vrai de dire avec le concile de Trente que c'est à l'évêque diocésain seul, et non au métropolitain, qu'il appartient de voir, de juger, de statuer et de prononcer.

Si donc la sage lenteur de l'évêque de Grenoble a pu donner lieu à une certaine opposition, qui s'est d'abord montrée assez modérée, et que l'on a respectée, comme pouvant même être utile à l'examen du fait de la Salette, ce n'est pas, certes ! à la sage lenteur de l'évêque qu'il faut s'en prendre, si cette opposition, au lieu de se taire et de se montrer soumise au jugement dogmatique de l'évêque diocésain, s'est alors plus que jamais montrée audacieuse, violente et injuste : il ne faut s'en prendre qu'à l'orgueil de trois ou quatre individus qui n'ont pas voulu qu'il fût dit qu'ils s'étaient trompés.

VINGTIÈME OBJECTION.

Les opposants. — Il est des personnes qui ne peuvent pardonner à Mgr l'évêque d'avoir été trop vite dans la publication de son Mandement doctrinal sur le fait de la Salette, en présence d'une opposition aussi forte que violente.

Donc, nous ne devons pas nous lasser d'en appeler devant l'opinion publique qui appuyera nos réclamations.

Réponse. — Cette objection, à laquelle on a répondu cent fois, est devenue pour les opposants les plus avancés comme le dernier retranchement derrière lequel ils se sont réfugiés pour se donner le plaisir de lancer contre l'autorité ecclésiastique les traits d'une haine envenimée et d'une mortelle envie, fruits d'un orgueil blessé au vif.

Tout chrétien doit savoir qu'un évêque à la tête de son troupeau ne s'appartient pas à lui-même, mais à toute

l'Église, suivant ces paroles de l'Apôtre : « Prenez donc
» garde à vous-mêmes, et à tout le troupeau sur lequel le
» Saint-Esprit vous a établis évêques, pour y gouverner
» l'Église de Dieu, qu'il a acquise par son propre sang. »
*Attendite vobis , et universo gregi , in quo vos Spiritus
sanctus posuit episcopos, regere Ecclesiam Dei, quam ac-
quisivit sanguine suo.* Act., xx, 28.

Un fait d'un ordre surnaturel et des plus extraordinaires
s'est passé dans l'arrondissement de son habitation épiscopale, que doit faire l'évêque? Il doit interroger les personnes, les lieux, les circonstances, les temps ; mais surtout suivre les conseils de la sagesse divine consignés dans
les avis du grand saint Paul aux évêques, et dans les canons de l'Église ; en deux mots, il doit en pareil cas user
d'une sage lenteur et montrer la plus sévère circonspec-
tion à cause de sa qualité de juge et de la gravité des circonstances.

Eh bien, convenez-en.

Cinq ans de silence le plus circonspect;

Cinq ans d'examen le plus sévère ;

Cinq ans d'étude de tout ce qui peut fortifier ou infirmer
le fait;

Cinq ans de discussions, en sens contraire , devraient
déjà épargner à cet évêque le reproche de s'être trop hâté.

Dès le premier anniversaire, il voit ce fait élevé à une
hauteur qui tient du prodige, par une affluence de soixante
mille pèlerins assemblés le même jour sur la montagne
privilégiée ; affluence qui se continue sans interruption,
chaque année, d'une manière vraiment merveilleuse.

Pendant cinq ans, il voit ce fait grandir comme le soleil

à son lever, admis depuis l'Orient jusqu'à l'Occident par un grand nombre d'évêques, par des milliers de prêtres, par des centaines de mille personnes de tous pays, de tous rangs, de toutes conditions;

Pendant cinq ans, il voit le ciel lui venir en aide pour attester par de nouveaux prodiges celui de la miraculeuse apparition;

Pendant cinq ans, il ne rencontre pas une objection qui mérite d'être prise en considération;

Pendant cinq ans, il est prié, pressé, comme harcelé par un grand nombre de personnes pieuses de vouloir bien faire connaître son opinion dogmatique sur le fait, pour réjouir les bons chrétiens et proclamer la gloire de MARIE;

Pendant cinq ans, il reçoit des offrandes de toute nature pour la construction d'un sanctuaire en l'honneur de NOTRE-DAME DE LA SALETTE;

Pendant cinq ans, il a pu voir, comme tout le monde, la réalisation des menaces de la BELLE DAME;

Pendant cinq ans, il est obligé de braver l'espèce de blâme de la grande majorité des pèlerins qui l'accusent de timidité ou d'indifférence;

Pendant cinq ans, il a ajourné le vœu de la majorité de ses prêtres qui le supplient de vouloir bien se prononcer pour mettre fin à des discussions parfois scandaleuses.

Et malgré tout cela, on oserait l'accuser de trop de précipitation! Beau et glorieux reproche pour un évêque qui pendant cinq ans a été accusé de trop de lenteur!

Oui, il était temps qu'il se prononçât, et il devait enfin se prononcer ce sage évêque, 1° pour rendre hommage à la vérité; 2° pour ne pas se montrer ingrat envers Dieu et envers la Belle Dame ; 3° pour ne pas encourir plus longtemps le blâme de ceux qui croyaient et qui ne pouvaient plus expliquer son silence à la vue des nombreux témoignages en faveur de la Salette ; 4° enfin, pour ne pas s'exposer par une résistance trop prolongée à attirer sur son peuple et sur le peuple de Dieu l'effet des menaces de la Messagère du ciel.

Ce digne et vertueux prélat savait mieux que personne que son silence n'était pas à l'abri de tout reproche aux yeux de tout le monde, puisqu'il a cru devoir le justifier dans son Mandement du 19 septembre 1851, par de longs considérants, dont je n'emprunte que les deux phrases suivantes, page 2. « Nous avions bravé nous-même jus-
» qu'ici le blâme dont nous n'ignorions pas que nous
» pouvions être l'objet de la part des personnes les mieux
» intentionnées, d'ailleurs, qui nous accusaient peut-être
» d'indifférence ou même d'incrédulité sur ce point. »
page 4. « Quoique notre conviction fût déjà entière et
» sans nuage à la fin de la séance de la Commission qui
» se termina le 13 décembre 1847, nous ne voulûmes
» pas encore prononcer de jugement doctrinal sur un fait
» de cette importance. »

Qu'importe au fait de la Salette le reproche de trop de précipitation de la part de cette classe d'opposants qui avant le mandement doctrinal s'étayaient du silence de l'autorité pour attaquer la Salette, et qui, après le mandement, ont levé l'étendard de la révolte la plus scandaleuse ? Et ne croyez pas, au reste, que ce soit le jugement doctrinal de l'évêque qui ait établi le fait de la Salette. Ce fait avait pris racine dans les quatre parties du monde avant la sentence épiscopale. Et jusqu'alors, du moins, vous comprenez qu'on ne l'avait pas cru sur la parole de l'évêque, puisqu'il avait cru devoir garder le plus rigoureux silence sur ce fait.

Réclamez maintenant autant que vous voudrez auprès de l'opinion publique, j'ose vous prédire que vous ne rencontrerez de l'écho que chez ceux qui n'ont presque pas la foi, ou qui n'ont aucun respect pour les dépositaires de l'autorité spirituelle. Aveugles, qui ne voyez pas que celle qui a pu par une apparition d'une demi-heure, et par quelques paroles aussi simples que nobles, amener sur une montagne escarpée un nombre incalculable d'hommes, de femmes, n'a pas à craindre la haine et l'envie de quelques orgueilleux. *Dispersit superbos mente cordis sui, et exaltavit humiles.* (Tiré du *Magnificat*, versets 6 et 7.)

Vous avez eu assez le temps de réclamer pendant cinq ans; réclamer après que le fait est canoniquement jugé, c'est trop tard !

RÉPLIQUE.

Les opposants. — Mais si le mandement qui proclame vrai le fait de la Salette ne repose que sur des erreurs, nous obligerez-vous de nous y soumettre quand même ?

Réponse. — Oui, jusqu'à ce que l'autorité compétente ait signalé l'erreur. Mais dire qu'un mandement préparé pendant cinq ans en présence d'une Commission de pieux et savants théologiens, en présence de professeurs de grand séminaire d'un mérite reconnu, en présence de chanoines instruits, et soumis d'avance à la censure d'un prince de l'Église romaine, qui n'y fait que de légères modifications, ne renferme que des erreurs, c'est avancer la plus ridicule des absurdités, c'est tout simplement hasarder une folie.

VINGT ET UNIÈME OBJECTION.

Les opposants. — Pour faire accepter le mandement doctrinal du 19 septembre 1851, on a eu recours tour à tour aux persécutions et aux faveurs.

Or, tout ce qui regarde une croyance religieuse doit être accepté sans aucune voie de contrainte.

Donc ce mandement est sans force dogmatique.

Réponse. — Rien n'est plus faux que cette assertion, qui n'a pas, au reste, l'ombre de vraisemblance. Tous les prêtres du diocèse, moins une demi-douzaine, ont accepté ce mandement avec une vive démonstration de joie et de déférence. Ce qui prouve jusqu'à quel point ceux qui nous font cette objection veulent en imposer, c'est que la grande majorité des prêtres du diocèse avaient spontanément fait connaître auparavant à sa Grandeur leur entière et parfaite adhésion à ce mandement dans l'espoir qu'il serait favorable à la vérité de l'apparition. La pétition suivante, qui fut dressée cinquante jours avant la lecture du mandement (ce n'est que le 16 novembre 1851 qu'a été lu en chaire ce mandement) prouve que je dis vrai.

PÉTITION REVÊTUE DE 240 SIGNATURES.

Grenoble, le 25 septembre 1851.

« Monseigneur ,

« Le Chapitre de votre Cathédrale et les Prêtres soussignés
» de votre Clergé, présents à la Retraite, cédant à leur
» propre conviction, et confirmés dans leur croyance par les
» encouragements que vos délégués ont reçus à Rome, vous
» prient, avec de respectueuses instances, d'annoncer publi-
» quement que vous autorisez le pèlerinage de la Salette,
» et que vous vous proposez d'y construire prochainement
» un sanctuaire, et que vous inviterez les fidèles de votre
» Diocèse, de la France et de l'étranger, à vous aider pour
» cette bonne œuvre par des souscriptions et par des
» aumônes. »

Que Monseigneur ait été obligé d'user de réprimande à
l'égard de trois ou quatre ecclésiastiques, qui ont traité
trop légèrement son Mandement, qui devait au moins leur
commander le respect, cela ne doit pas nous autoriser à
dire qu'on a eu recours aux persécutions. Quant aux faveurs, on ne connaît aucun prêtre à qui son zèle pour la
Salette ait valu une récompense ou la moindre faveur.

Au reste, je répète ce que j'ai déjà dit à la précédente
objection : quoique ce beau mandement ait augmenté le
nombre des croyants, quoiqu'il ait rassuré la croyance d'un
plus grand nombre d'autres, il n'a point été cause du
miracle de la Salette, il n'a fait que le proclamer vrai et
incontestable. D'où nous aimons à conclure que rien n'est
plus dénué de vraisemblance que le reproche renfermé
dans la vingt-unième objection.

VINGT-DEUXIÈME OBJECTION.

Les opposants. — Les quatre évêques les plus voisins du diocèse de Grenoble se sont constamment opposés à la Salette, comme le prouvent plusieurs de leurs actes administratifs.

Or, personne n'a pu mieux juger ce fait qu'eux.

Donc les croyants sont dans l'errreur.

Réponse. — Votre objection renferme une fausse allégation. En effet, vous ne pourriez citer aucun acte administratif d'un évêque voisin qui vous donne le droit de soutenir qu'un seul d'entre eux se soit prononcé contre le miracle de la Salette.

Un évêque ne peut ignorer qu'il n'a aucun droit de s'immiscer dans l'administration d'un diocèse voisin sans une délégation spéciale ; les canons de l'Église le lui défendent. Aucun évêque voisin n'a donc rien à voir dans le fait de la Salette ; aucun d'eux n'a donc pu, sans dépasser les limites de son pouvoir, ni approuver ni désapprouver le fait de la Salette avant d'avoir pu connaître le jugement dogmatique de l'évêque du lieu où s'est opéré le miracle. Chacun d'eux personnellement a été libre, comme tous les hommes, de l'admettre ou de le rejeter ; mais non de l'admettre ou de s'y opposer administrativement.

RÉPLIQUE.

Les opposants. — Cependant Mgr l'évêque de Gap a défendu à ses prêtres de réciter publiquement un office de la Salette sans son autorisation.

Réponse. — En faisant cette défense, Mgr l'évêque de Gap usait d'un droit et remplissait un devoir. Ce soin des évêques de ne rien laisser introduire dans la pratique du culte religieux sans leur approbation, prouve, au contraire, que le fait de la Salette doit être admis par tout le monde, depuis que l'évêque diocésain s'est prononcé officiellement et dogmatiquement.

RÉPLIQUE.

Les opposants. — Cependant le cardinal-archevêque de Lyon a aussi défendu, par sa circulaire du 6 août 1852, à tous ses prêtres, de rien introduire en fait d'images nouvelles, de rien publier en fait de mirales nouveaux, sans son approbation.

Réponse. — Le cardinal de Bonald était dans son droit, comme l'évêque de Gap était dans le sien. Dans sa circulaire du 6 août 1852, le cardinal met en garde ses diocésains contre les colporteurs d'images et de faux miracles, propres à fomenter la superstition chez les gens grossiers et peu instruits. Mais rien dans sa circulaire ne s'adresse directement au fait de la Salette. Pour vous en convaincre, je cite les paroles de la circulaire, dont certains opposants ont voulu abuser.

« Instruisez avec soin vos paroissiens, nos chers Coopé-
» rateurs, sur la vertu de religion, et dites-leur que la
» superstition est un des vices les plus opposés à cette vertu.
» Apprenez-leur avec quelle sage maturité l'Église procède
» quand il s'agit d'un nouveau fait miraculeux. Le concile
» de Trente a tracé sur cette matière des règles inspirées
» à cette sainte assemblée par l'Esprit qui lui a dicté ses
» irréformables décrets. Or, les Pères de ce synode œcu-
» ménique veulent que l'on évite toute superstition dans
» l'invocation des Saints, dans la vénération des reliques,
» dans le culte des images. Ils ne permettent pas qu'une
» image nouvelle et extraordinaire soit exposée sans l'appro-
» bation de l'Ordinaire.

» Quant aux nouveaux miracles, on doit, suivant les
» prescriptions du concile, avant de les admettre et de les
» publier, les déférer au jugement de l'Évêque qui, pour
» en examiner toutes les circonstances, s'entourera des
» conseils d'hommes versés dans la science sacrée.

» Rappelez souvent à vos paroissiens que, quand il s'agit
» d'une doctrine nouvelle, on ne doit embrasser que les
» pratiques, on ne doit admettre que les symboles qui ont
» l'assentiment des Évêques diocésains.

» † 6 août 1852. Cardinal DE BONALD. »

Vous avez dû remarquer dans cette circulaire le même
esprit de sagesse qui a dicté le mandement doctrinal de
l'évêque de Grenoble, sa circulaire du 9 octobre 1846, la
circulaire de l'évêque de Gap du 18 octobre 1850.

Donc nous devons conclure avec le cardinal-archevêque
de Lyon, que si la Salette a obtenu l'assentiment de
l'évêque diocésain, tout prêtre, tout fidèle peut admettre
et publier cet événement sans s'exposer à la superstition,
sans compromettre sa foi et sa piété.

Il est donc absolument faux que Mgr l'évêque de Gap

et son Éminence le cardinal-archevêque de Lyon se soient jamais prononcés dogmatiquement, ni administrativement contre le miracle de la Salette ; et les opposants qui ont fait un si grand bruit de la circulaire du cardinal, du 6 août 1852, pour étayer leur opposition, ont montré en cela une insigne mauvaise foi.

RÉPLIQUE.

Les opposants. — Cependant Mgr l'évêque de Valence ne s'est jamais prononcé en faveur de la Salette.

Réponse. — Mgr l'évêque de Valence s'est clairement et suffisamment prononcé en faveur du miracle de la Salette, en allant lui-même, le 25 mai 1852, assisté du vénérable évêque de Grenoble, en présence de plus de cent prêtres et de quinze mille pèlerins, poser et bénir la première pierre du magnifique sanctuaire qui vient de s'élever sur la montagne de l'apparition en l'honneur de *Notre-Dame-Réconciliatrice-des-pécheurs.*

RÉPLIQUE.

1 e3 opposants. — Cependant Mgr l'évêque de Belley, si connu par sa sainteté et son savoir éminent, n'a rien dit en faveur de la Salette.

Réponse. — Mgr Devie, l'ami et le conseiller de Mgr l'évêque de Grenoble, s'est plus d'une fois prononcé en faveur de la Salette, comme le prouve sa correspondance intime avec son collègue Mgr de Bruillard. En voici un témoignage extrait d'une lettre du 20 décembre 1851.

.« Je vous félicite, Monseigneur, d'avoir pris votre parti rela-
» tivement à l'affaire de la Salette, en publiant votre Mandement et
» en prenant des mesures pour construire un nouveau sanctuaire
» à Marie. D'après *les lois canoniques*, vous êtes *seul* à portée
» de décider cette question. Que le Dieu de bonté daigne bénir
» votre entreprise et vous y faire trouver une source de conso-
» lations. »

Concluons au reste que, quand même les quatre évêques les plus voisins du diocèse de Grenoble compteraient parmi les opposants, ce qui est faux, le fait de la Salette n'en serait pas moins un fait religieux digne de notre croyance, tant qu'il aura pour lui l'assentiment de l'évêque diocésain.

Ainsi la vingt-deuxième objection, outre qu'elle renferme une fausse allégation, ne prouve rien contre les croyants, et l'on a tort de conclure qu'ils sont dans l'erreur. Un fidèle est dans le vrai toutes les fois qu'il est d'accord avec son évêque dans ce qui concerne la foi.

VINGT-TROISIÈME OBJECTION.

Les opposants. — Un miracle ne doit être admis par les catholiques qu'après que le Pape l'a proclamé vrai.

Or, le Pape n'a rien dit sur le fait de la Salette;

Donc on ne doit pas le regarder comme un fait miraculeux.

Réponse. — Il n'est nullement nécessaire qu'un miracle ait été reconnu et proclamé par le Pape pour être admis par les catholiques , si ce miracle a été proclamé par l'évêque diocésain en la forme voulue par le concile de Trente, session 25.

Pourquoi les opposants veulent-ils que nous soyons plus sages que l'Église ? Si l'Église n'exige que l'approbation de l'évêque diocésain pour l'authenticité d'un miracle, pourquoi voudrait-on y ajouter l'approbation du souverain Pontife ? Est-ce que le Pape lui-même , pour obtenir la preuve canonique de la vérité d'un miracle, n'exige pas ordinairement que les premières procédures soient faites par l'ordinaire ?

Si les opposants attendent que N. S. P. le Pape ait proclamé le miracle de l'apparition de la sainte Vierge à la Salette, ils attendront longtemps ; car il n'est pas probable qu'il se prononce jamais sur ce fait, non plus que sur une multitude d'autres faits miraculeux qui sont admis dans l'Église avec l'approbation de l'évêque diocésain seulement. L'Église ne veut l'intervention du Pape que dans les choses difficiles.

Cependant, quoique le fait de la Salette ressorte immédiatement de l'autorité diocésaine , Mgr l'évêque de Grenoble n'a pas laissé d'en informer Sa Sainteté, et N. S. P. le Pape a donné à la *dévotion de la Salette* l'approbation la plus flatteuse et la plus authentique : 1° en faisant examiner les livres de M. l'abbé Rousselot sur la Salette, et en déclarant qu'ils sont bons et contiennent tous les caractères de la vérité ; 2° en témoignant le plus vif intérêt à ce que renferment les secrets des deux bergers, en présence des deux prêtres, qui avaient été envoyés à Rome pour les lui présenter; 3° en couvrant de sa bénédiction apostolique les pèlerins qui se rendent à la Salette pour y invoquer la sainte Vierge et prier pour l'Église; 4° en enrichissant de priviléges et de faveurs spirituelles la pieuse dévotion à la Salette; 5° enfin, en autorisant Mgr l'évêque de Grenoble à consacrer par une fête annuelle la mystérieuse apparition de la Vierge sur la sainte montagne.

Voyez *Nouveaux documents*, p. 95.

Voyez *Nouveau sanctuaire à Marie*, p. 198 et 199.

RÉPLIQUE.

LES OPPOSANTS. — Nous ne connaissons pas les faveurs spirituelles dont le Pape a enrichi la pieuse dévotion à la Salette.

RÉPONSE. — En voici le tableau.

Un Rescrit du 24 août 1852 déclare privilégié à perpétuité le maître-autel du sanctuaire de la Salette.

Un Rescrit du 26 août 1852 accorde la permission de dire la messe de *Beatâ* tous les jours de l'année, excepté les grandes fêtes et les féries privilégiées, à tous les prêtres qui vont à la Salette.

Un Bref du 26 août 1852 accorde aux membres de la Confrérie de *Notre-Dame-Réconciliatrice de la Salette*, savoir : 1° une indulgence plénière le jour de leur entrée dans la Confrérie; 2° une indulgence plénière à l'article de la mort; 3° une indulgence plénière une fois par an, le jour de la principale fête de la Confrérie; 4° une indulgence de sept ans et sept quarantaines quatre fois par an, à quatre jours fixes, c'est-à-dire qu'on peut se choisir à volonté ; 5° soixante jours d'indulgence pour chaque œuvre de piété ou de charité accomplie par eux.

Un Bref du 3 septembre 1852 accorde une indulgence plénière, une fois par an, à tous ceux qui visiteront l'Église de Notre-Dame de la Salette.

Un Bref du 3 septembre 1852 accorde une indulgence plénière aux fidèles qui assisteront au moins trois fois aux exercices de mission ou de retraites prêchées par les missionnaires de la Salette, et deux cents jours d'indulgence chaque fois qu'on assiste à l'un de ces exercices.

Un Bref du 7 septembre 1852 érige en Archiconfrérie la Confrérie de Notre-Dame-Réconciliatrice de la Salette.

Deux Brefs du 7 septembre 1852, dont l'un accorde aux missionnaires de la Salette le pouvoir, pour dix ans, de bénir, d'attacher des indulgences aux croix, médailles et chapelets ; et l'autre, le pouvoir de donner le scapulaire.

Un Indult du 2 décembre 1852 accorde à Mgr l'évêque de Grenoble la permission de solenniser dans toutes les églises du diocèse, par la messe et les vêpres, ou le 19 septembre ou le dimanche suivant, l'anniversaire de l'Apparition de la sainte Vierge.

Le même *Indult* autorise les prêtres à célébrer la mémoire de cette apparition par la récitation de l'office et de la messe du *Patronage de la sainte Vierge*. (Fête qui se célèbre selon le rit romain, le quatrième dimanche d'octobre.)

Voilà, ce me semble, qui est très-concluant contre ceux qui disent que le Pape n'a rien dit en faveur de la Salette.

VINGT-QUATRIEME OBJECTION

LES OPPOSANTS. — Nous sommes dans le vrai, si d'un côté nous sommes d'accord avec les deux commissions qui furent chargées en 1846 de donner leur avis sur le fait de la Salette; et si d'un autre côté nous regardons ce fait comme l'ont toujours regardé grand nombre d'ecclésiastiques aussi bons théologiens que bons prêtres.

Or les deux commissions nommées par l'Évêque en 1846 conclurent que l'autorité n'avait pas à intervenir; et un grand nombre d'ecclésiastiques dignes ont toujours dit que si le fait de la Salette avait un intérêt général, Dieu ne manquerait pas de le manifester par des prodiges subséquents.

D'où nous aimons à conclure que l'autorité diocésaine n'aurait pas dû intervenir d'une manière directe, et que le public non plus n'aurait pas dû donner à ce fait une si grande importance.

RÉPONSE. — Mgr Philibert de Bruillard, évêque de Grenoble, voyant le fait de la Salette grandir d'une manière qui tenait du prodige, jugea à propos, trois mois après l'événement, de nommer *deux commissions*, l'une composée des chanoines de la cathédrale, l'autre des professeurs du grand séminaire, pour lui rendre compte du fait dans un rapport rédigé séparément et sans aucun concert entre eux. Nous devons mettre sous les yeux du lecteur

un extrait abrégé des conclusions du rapport de chaque
commission, pour montrer jusqu'à quel point les opposants sont d'accord avec les honorables membres qui les
ont composées.

Commission des Chanoines.

« Les membres du Chapitre de l'église cathédrale de
» Grenoble, soussignés, sont d'avis qu'il faut s'abstenir de
» toute décision sur ledit événement.... (la Salette). Si cet
» événement vient de Dieu, et que Dieu veuille que l'auto-
» rité intervienne, il manifestera sa volonté d'une manière
» plus positive et plus certaine.

» Alors l'autorité sera toujours à temps de prononcer. Il
» n'y a pas nécessité de le faire à présent; il n'y a pas
» péril dans le retard : c'est prudence d'attendre.

» En foi de quoi ont signé au présent rapport, à Grenoble,
» le 15 décembre 1846, en émettant le vœu que Monseigneur
» fasse faire une enquête juridique pour mieux apprécier les
» faits.

» BOUVIER, *chanoine*; DESMOULINS, *chanoine*; MICHON, *chanoine*;
» PETIT, *chanoine*; l'abbé ROUSSELOT; l'abbé BOIS; HENRI,
» *chanoine*; REVOL, *chanoine*. »

Commission des Professeurs.

« ....Mais comme il est question de prononcer ici doctri-
» nalement sur un fait en tant que miraculeux en face d'une
» attention générale toute disposée à y croire ou à s'en
» moquer; que dès lors la décision de l'autorité doit avoir
» des conséquences graves, qu'elle se prononce pour ou contre
» le miracle, il nous semblerait prudent et même nécessaire
» de ne prendre aucun parti définitif jusqu'à ce qu'on ait pu

» acquérir une certitude pleine et entière sur la vérité et la
» nature du fait en question....

» Comme moyens d'arriver à ces éclaircissements, nous
» émettons le vœu qu'on puisse avoir une réponse nette aux
» questions suivantes....

(*Suit une série de questions.*)

» Orcel, *supérieur*; l'abbé Rousselot; l'abbé Gay, *économe*;
» l'abbé Rivaux; Michalet, *professeur de dogme*; Albertin,
professeur d'Écriture sainte. »

Ces deux commissions étaient dans le vrai en concluant
que, malgré les nombreuses circonstances qui rendaient
le miracle plausible et disposaient à y croire, il fallait
attendre que tous ces témoignages fussent corroborés par
d'autres plus plausibles encore, ou par quelque prodige,
véritable cachet de l'opération divine. Elles étaient dans
le vrai en émettant le vœu que rien ne fût statué par l'autorité diocésaine avant qu'une enquête juridique eût été
faite sur tout ce qui pouvait rendre le fait de la miraculeuse
apparition inattaquable aux yeux de la saine raison.

Ils étaient aussi dans le vrai tous ces bons ecclésiastiques qui, sans nier ni admettre le fait, soutenaient que si
la sainte Vierge avait eu un autre but que de favoriser
personnellement deux petits bergers, elle ferait connaître
le but de sa mission par quelque nouveau prodige. Ils
s'accordaient sans le savoir avec les membres des deux
premières commissions.

Il a toujours été aussi dans le vrai Mgr l'Évêque de
Grenoble, lorsque, conformément aux vœux des deux
premières commissions, il nomma en novembre 1847 une
nouvelle commission composée de seize membres pour

examiner selon les règles de l'Église tous les nouveaux faits et toutes les nouvelles circonstances qui étaient venues fortifier la vérité du miracle de la Salette; miracle qui fut alors reconnu comme vrai et inattaquable par la grande majorité des membres de la commission.

Mais ils ne sont pas dans le vrai ces opposants qui voudraient conclure des rapports des deux premières commissions et des raisonnements de bons et pieux ecclésiastiques que l'autorité épiscopale n'aurait jamais dû intervenir, ni pour ordonner des enquêtes juridiques, ni ensuite pour statuer et prononcer.

Ils n'ont jamais été, et ils ne seront jamais dans le vrai tous ces opposants qui accusent un immense public d'avoir porté au fait de la Salette le plus vif intérêt, et de lui avoir imprimé le caractère d'une haute importance. C'est le cas de dire : *Vox populi, vox Dei : La voix du peuple est la voix de Dieu.*

D'ailleurs les opposants auraient pour eux la majorité des membres des diverses commissions, ils ne seraient pas pour cela dans le vrai, s'ils avaient contre eux une décision canonique de l'autorité épiscopale. Un Évêque pour porter un jugement canonique, est tenu de s'entourer d'hommes versés dans la science de la théologie; mais il n'est pas tenu de suivre leurs avis, ni de se conformer à leurs sentiments.

Ainsi Mgr l'Évêque de Grenoble n'avait nul besoin de s'entourer de tant de précautions pour prononcer canoniquement sur le fait de l'apparition; et s'il en a agi ainsi, c'est qu'il voulait enlever à l'opposition tout prétexte de blâme et de censure vis-à-vis de la sagesse de sa conduite dans cette affaire. Et c'est pourquoi, après avoir déclaré les conférences closes le 13 décembre 1847, (huit séances eurent lieu depuis le 8 novembre jusqu'au 13 décembre 1847) quoique sa conviction fût alors entière et sans nuage, il ajourna pour prononcer son jugement jusqu'au 19 septembre 1851, c'est-à-dire un intervalle de près de quatre années.

Aussi nous semble-t-il aujourd'hui impossible de rencontrer un seul homme sensé et impartial, qui veuille supposer de la bonne foi dans aucun des opposants depuis la publication du Mandement doctrinal du 19 septembre 1851. Il est donc de la dernière évidence que ça été de leur part un *parti pris* de ne se rendre devant aucune considération, de n'admettre aucune raison et de ne se soumettre à aucune autorité.

Les opposants ont donc tort d'invoquer les conclusions de deux premières commissions, et les dires de plusieurs bons et pieux ecclésiastiques, pour justifier leur opposition, puisque loin de conclure au rejet du miracle, on demandait une enquête juridique et quelque nouveau prodige pour mieux faire apprécier et établir la vérité du fait. Cet enquête juridique a eu lieu, comme nous l'avons déjà dit; et jamais, peut-être, depuis que le monde existe, apparition miraculeuse n'a rencontré un ensemble plus frappant de preuves et de témoignages. Comment donc pourraient-ils jamais être dans le vrai en combattant un fait d'une telle importance et admis par de si graves autorités !

VINGT-CINQUIÈME OBJECTION.

Les opposants. — L'opposition a toujours compté dans ses rangs les prêtres les plus intelligents et les plus consciencieux du diocèse.

Or une cause, qui a pour elle de tels défenseurs, ne peut manquer de triompher tôt ou tard;

Donc nous ne devons pas nous lasser.

Réponse. — Nous devons savoir gré aux opposants de s'être fait connaître eux-mêmes tels qu'ils sont devant tout le public. Honteux de leur petit nombre, mais pleins de leur mérite, ils ont cru pouvoir lutter contre le grand nombre des croyants par la supériorité de leur esprit; comme si la supériorité du nombre n'avait aucune force morale contre la supériorité du talent. Non contents donc de s'être toujours donnés auprès de leurs compatriotes pour des esprit supérieurs, ils n'ont pas rougi d'envoyer à tous les Evêques de France, à tous les prêtres du diocèse de Grenoble et à plusieurs autres un infâme *prospectus* contre la Salette, duquel nous extrayons ici ces paroles d'une modestie qui leur est personnelle. « L'honneur de » la religion, le danger que lui faisait courir la Salette » ont déterminé les prêtres les plus intelligents et les plus ». consciencieux du diocèse à rompre le silence sous la » protection des canons disciplinaires, et à déférer au » Pape l'affaire de la Salette, par un mémoire, modèle

» de convenance et de modération, qui signale les moyens
» malheureux à l'aide desquels on a voulu élever à la
» hauteur d'un miracle un fait exclusivement humain. »
(Voyez à la 18e objection l'article III des conclusions du
Mandement qui condamne ce *prospectus*.)

Certes! il ne serait jamais venu à l'esprit des croyants
que la Salette comptât parmi les opposants un seul prêtre
intelligent et consciencieux sans la publication du fameux
prospectus qui est venu le leur apprendre. En effet tout
prêtre n'est-il pas obligé par son caractère de propager le
culte de Marie, et d'étendre sa dévotion par tous les
moyens que lui en fournissent les temps et les lieux? Or
c'est une chose notoire que la Salette fait le bien de près
et au loin, qu'elle a opéré un changement remarquable
en faveur de la piété dans les pays voisins, et qu'elle attire
continuellement sur la sainte montagne une foule de
pèlerins, qui viennent de fort loin implorer la protection
de la Mère des miséricordes. C'est donc un devoir pour le
bon prêtre de favoriser cette dévotion, puisqu'elle fait du
bien. Que cette apparition aussi extraordinaire, et par
des temps aussi mauvais, ait trouvé des opposants parmi
ceux qui croient à peine à l'Évangile, il n'y a rien là qui
paraisse bien étonnant; mais ce sera toujours chose aussi
incompréhensible que regrettable qu'il se soit rencontré
un seul prêtre sensé dans les rangs de l'opposition.

Car enfin, comme le remarque un judicieux auteur, la
Salette n'est point une nouvelle doctrine, c'est une nouvelle grâce; ce n'est pas un enseignement nouveau, une
nouvelle législation ajoutés à l'enseignement et à la législation de l'Église, c'est un avertissement de plus! On a

donc lieu de se demander ici comment il se peut faire qu'un prêtre intelligent ose repousser une si grande grâce, et nier un si précieux et si noble avertissement.

Mais combien en compte-t-on parmi les opposants de ces prêtres intelligents et consciencieux, nous demande ici le lecteur ?

L'autorité ecclésiastique, malgré ses recherches, n'a pu saisir les noms que de *deux*, dont *l'un* n'exerce plus le saint ministère depuis plusieurs années, et *l'autre* dessert une paroisse dans l'arrondissement de Grenoble. Il est vrai, qu'à en juger par quelques actes trop significatifs, on pourrait y adjoindre les noms d'une demi-douzaine de leurs amis. Mais la loi que nous nous sommes imposée de signaler les abus tout en respectant les personnes ne nous permet pas de faire connaître leurs noms.

Voilà donc la Salette aux prises avec ces deux fiers opposants, qui se donnent hardiment pour les prêtres les plus intelligents et les plus consciencieux d'un vaste diocèse ! Pauvre Salette, que vas-tu devenir devant ces deux nobles défenseurs de la foi, qui seuls ont su voir un danger imminent pour la religion catholique dans le fait de la Salette ? Que vas-tu devenir devant ces deux hautes intelligences, qui mieux qu'une infinité d'autres ont su apprécier, à sa juste valeur, la portée des canons disciplinaires de l'Église, et se placer à la hauteur des convenances ? Que vas-tu devenir encore une fois devant ces *deux consciences* incorruptibles, qui n'ont jamais voulu plier le genou devant la *Vierge* du Mont-Fallavaux. Une nouvelle batterie est dressée contre toi, et rien ne pourra retarder ta chute : ni le mandement du 19 septembre 1851, ni les circulaires par lesquelles on a prétendu désarmer tes ennemis? Bientôt, oui bientôt le masque va tomber, et avec lui tes plus superbes monuments! Pauvre Salette, te voilà donc enfin condamnée à disparaître pour toujours des annales du culte de Marie!

Tel est le langage que la conduite de quelques opposants nous met en droit de mettre dans leur bouche. On dirait vraiment, à les entendre, que tout ce qu'il y a d'hommes intelligents au monde, Papes, Évêques, prêtres et laïques, doit s'unir à eux pour anéantir la Salette!

Mais rassure-toi, ô Salette! Ta cause a pour avocats non quelques intelligents et superbes philosophes, mais bien l'humble Vierge de Nazareth, à qui tout pouvoir a été donné sur la terre et dans le Ciel!

Oui, rassure-toi, ô Salette, parce que le Chef suprême de l'Église vient de te donner une fois de plus un gage précieux de son vif intérêt en chargeant l'un des gardiens de ton beau sanctuaire (l'abbé Sibillat missionnaire de la Salette) de donner sa paternelle bénédiction à tous les pieux pèlerins qui viendront célébrer sur la sainte montagne ton huitième anniversaire, au 19 septembre 1854! (1).

---

(1) Il n'y avait que quelques jours que le R. P. Sibillat avait été admis à l'audience du Saint-Père. Le Pape apprenant de la bouche du Missionnaire de la Salette combien on y priait pour sa personne sacrée et pour toute l'Église, le bénit et le chargea de bénir en son nom les pèlerins du 19 septembre. Ce fut un moment bien beau et bien solennel, et qui remplit les cœurs de tous les pèlerins d'une émotion impossible à décrire, celui où le zélé Missionnaire, à son retour de Rome, vint s'acquitter, sur la montagne privilégiée, de son honorable et sainte mission. Cette bénédiction solennelle partie du Vatican, donnée sur le lieu même du prodige, par l'organe d'un missionnaire

Rassure-toi, Dame de la Salette, parce que le premier Pasteur du diocèse privilégié vient de remporter sur tes ennemis une nouvelle victoire, dont je prédis avec assurance qu'ils ne se relèveront jamais.

Le lecteur trouvera les principales circonstances de ce mémorable triomphe dans le Mandement suivant :

MANDEMENT

de **Mgr l'Évêque de Grenoble**, portant condamnation d'un livre intitulé : **La Salette devant le Pape.**

JACQUES-MARIE-ACHILLE GINOULHIAC, par la miséricorde divine et la grâce du Saint-Siége apostolique, Évêque de Grenoble,

Au Clergé et aux Fidèles de notre Diocèse, salut et bénédiction en Notre-Seigneur Jésus-Christ.

Nous nous occupions, nos bien chers Frères, de l'examen d'un livre intitulé : *Mémoire au Pape sur l'affaire de la Salette*, lorsque nous avons reçu le *prospectus* d'un nouvel ouvrage sur cette matière, prospectus que nous avons bientôt appris avoir été répandu dans tous les diocèses de France.

A la lecture de cette pièce, nous avons d'abord pensé et nous espérions que ce ne serait là qu'une tentative d'un écrivain inconnu qui n'aurait pas de suite ; car nous ne pouvions nous persuader qu'un prêtre de notre diocèse, quel que pût être d'ailleurs son passé à cet égard, oubliât à ce point les lois sacrées de la justice et du respect, et allât aussi loin dans la voie de la désobéissance et du scandale.

Nous avons été bientôt tristement détrompé : le livre annoncé

du nouveau Sanctuaire, ouvrit tous les cœurs à la confiance et parut à tous comme un gage certain de protection et d'amour accordé au nouveau pèlerinage par le Père commun des fidèles.

a paru depuis quelques jours. Il dépasse, par l'injustice des imputations qui y sont faites, par la hardiesse des propositions qui y sont soutenues, par la violence du ton qui y règne, tout ce que le *prospectus* pouvait faire redouter ; et, en le lisant avec l'attention que nous imposait le devoir de notre charge, nous n'avons pu nous défendre un seul instant d'un sentiment pénible d'étonnement, de douleur et d'indignation !

Comment ne pas gémir, ne pas s'indigner, nos très-chers Frères, en voyant un prêtre parvenu à la maturité de l'âge, insulter de la manière la plus réfléchie, la plus odieuse, le vénérable vieillard qui a gouverné si saintement ce diocèse pendant un quart de siècle, et qui le couvre encore de ses bienfaits? et cela aux risques d'encourir les peines dont l'Église punit ceux qui se rendent coupables de si grandes fautes, et d'appeler sur sa tête les maux dont le Pontife consécrateur menace ceux qui outrageraient l'évêque qu'il vient de consacrer : *Que celui qui le maudira soit lui-même maudit, et que celui qui le bénira soit comblé de bénédictions.* (Pont. Rom. *De Consc.*)

Comment ne pas gémir, ne pas s'indigner encore, en voyant des prêtres respectables de notre diocèse accusés constamment, et, en quelque sorte, à chaque page du livre, de faits dont l'imputation publique, même au sens des lois civiles, constituerait le délit de diffamation ; comme si l'on pouvait ignorer que c'est une souveraine iniquité de diffamer ses frères (Decr. p. cvi, q. 3, c. xxi), et que l'injure faite aux prêtres contracte par là un caractère de gravité spéciale et rejaillit sur Jésus-Christ même, dont les prêtres sont les ministres ?

Comment supporter enfin que l'on dise et que l'on proclame que la Salette *protége, couve l'hérésie, légitime le rationalisme,* et le rationalisme le plus impie et le plus aveugle, alors même qu'il serait vrai, autant qu'il est faux, que l'un des enfants aurait prononcé sérieusement, aurait proféré dans le sens supposé à chaque page du livre, les paroles et les prédictions qu'on lui prête, comme s'il n'y avait pas dans le diocèse une autorité qui veille à la conservation de la saine doctrine, qui a dû informer sur cette allégation, et qui, après information prise, l'a jugée sans fondement et sans importance ?

C'est cependant, nos bien chers Frères, sur ce prétexte aussi frivole qu'il est odieux, que l'auteur prétend justifier la publication de son ouvrage. Et, bien que l'Évêque qui gouverne aujourd'hui le diocèse ne lui paraisse nullement suspect, bien qu'on écarte avec soin toute interprétation du livre qui semblerait nous impliquer dans les accusations qui y sont portées, ce n'est pas à Nous, cependant, qu'on en appelle, ce n'est pas au Métropolitain ou au Concile provincial, ce n'est pas même au Souverain Pontife, c'est à l'opinion publique éveillée partout, au moyen d'un *prospectus* répandu avec profusion, et qu'on est encore prié de répandre.

Pour étayer cette justification, abusant de ce principe que dans le cas où un évêque particulier enseignerait une hérésie manifeste, les prêtres, les fidèles même auraient droit de réclamer, il soutient d'une manière générale et absolue que dès qu'un fait erroné peut nuire à la religion et à Dieu, quelle que soit la main qui le pose, tout catholique a le droit de le démasquer, que tout prêtre a le droit de signaler la prévarication, de dénoncer l'abus, de provoquer la réforme, même par rapport à une ordonnance épiscopale, non en recourant à l'autorité supérieure, par la voie canonique, mais en en appelant à l'opinion publique par la voie de la presse. Et afin que le sens dans lequel il émet ces propositions ne soit pas douteux, venant à l'application de ces maximes, il déclare partout, et dès les premières pages de son livre, que s'il prend la plume c'est avec la conscience du droit, avec le sentiment du devoir ; il justifie même par ces principes la publication des volumes intitulés *La Salette-Fallavaux*, dont le premier a été condamné par notre vénérable prédécesseur, et le second a été publié au mépris de ses défenses et de ses censures. Et quoiqu'il ne puisse ignorer qu'il est notoirement regardé comme l'auteur ou l'un des auteurs de ces livres, il ose écrire ces mots : *Cette loi* (de signaler la prévarication) *a*

*dirigé la plume d'un auteur, catholique fervent, modéré, délicat,
qui n'a pas craint d'aborder la discussion du Mandement doctrinal, qui en a étudié toutes les assertions, qui en a démontré
les erreurs avec la dernière évidence;* puis, après avoir cité de
longs extraits de ces publications, et comme si ce n'était pas
assez de ces éloges, il appelle le pseudonyme sous lequel il
est caché, l'historien, le polémiste le plus exact qu'il connaisse.

A l'appui de ces propositions subversives du respect qui est
dû aux jugements des pasteurs de l'Église, et qui en ébranlent
toute l'autorité, il allègue quelques textes, et en particulier
un canon du Concile de Vienne, de l'an 1060 ; il cite quelques
passages des dissertations de Monseigneur de la Luzerne sur les
droits et les devoirs respectifs des évêques et des prêtres ; mais
il se garde bien de rapporter ce qui les précède ou ce qui les
suit, et aussi d'autres endroits de ce livre où le savant Cardinal
exprime sa pensée de manière à ce qu'il soit impossible de s'y
méprendre. Il en est un entre autres que nous ne pouvons nous
empêcher de citer textuellement, soit parce que Monseigneur
de la Luzerne y explique clairement le sens du concile de
Vienne, soit parce que le texte de ce concile avait été déjà
objecté par le canoniste Maultrot, dont l'éminent métropolitain
de cette province a dû flétrir l'ouvrage dans un Mandement
justement célèbre.

« Dans le cas où un évêque aurait rendu une ordonnance
» contraire à la saine discipline ou à la foi catholique, nul
» doute que les curés et même les prêtres, et tous les autres
» ecclésiastiques, et aussi les fidèles ne puissent et ne doivent
» s'y opposer. Mais quel moyen d'opposition ont-ils? Le décret
» même du concile de Vienne, cité par Maultrot, nous le
» montre. Ils doivent dénoncer l'évêque prévaricateur aux
» évêques voisins, qui sont ses juges, ou même en appeler au
» Siége apostolique. Telle est donc la mesure dans laquelle le
» Clergé peut s'opposer aux mauvaises décisions de son évêque ;
» il n'a pas par lui-même l'autorité de les annuler ; mais il doit
» les déférer à l'autorité supérieure et les réformer par elle. »
Comme si ce n'était pas assez des propositions que nous

venons de relever, et pour les rendre plus plausibles, sans doute, l'auteur de *La Salette devant le Pape* abaisse partout l'autorité épiscopale. Il l'appelle un pouvoir de *simple délégation*. Indiquant les paroles de saint Paul (*Act.* xx, 28), il dit *qu'un Évêque est établi pour diriger l'Église de Dieu*; d'où il suivrait que les Évêques n'ont qu'un droit de direction, et non une autorité véritable et une juridiction proprement dite. Il était même allé jusqu'à affirmer ailleurs que l'Église a placé le dépôt sacré de la foi sous la sauvegarde des fidèles et des prêtres; comme si le chef de l'épiscopat, et l'épiscopat avec lui, avaient besoin de cette sauvegarde pour le conserver d'une manière inviolable !

Ce n'est pas tout : prétendant expliquer la doctrine de l'Église par rapport *aux décisions* qu'elle porte sur les faits, sans distinguer les faits qui sont inséparablement liés avec sa doctrine et ceux qui lui sont étrangers, les faits qui intéressent l'Église tout entière et les faits particuliers, les faits surnaturels et les faits purement humains, sans laisser soupçonner nulle part ces distinctions nécessaires, et, se servant même des expressions les plus exclusives, il affirme, à plusieurs reprises, que le souverain Pontife, que l'épiscopat n'est pas infaillible dans les questions de fait; que l'Église a soin de déclarer elle-même que la croyance des faits est toujours libre. Dépassant même la témérité des partisans hérétiques du silence respectueux, il dit que quand il s'agit de faits .., Pierre et ses successeurs n'ont plus que l'autorité d'un homme; que, hors des limites de ce que Jésus-Christ a enseigné..., dans une décision sur un fait, il ne voit plus que la décision d'un homme; comme si, dans la canonisation des Saints, par exemple, le jugement du souverain Pontife, selon la doctrine de Benoît XIV et de saint Thomas, ne s'appuyait pas sur l'assistance du Saint-Esprit, et comme si l'Église, dans ses décisions sur les faits qui intéressent la foi, les mœurs, le culte, son gouvernement, ne pouvait pas dire, comme les Apôtres l'ont fait en prononçant en même temps sur des points relatifs à la foi et aux mœurs, et sur une question de discipline : *Visum est Spiritui sancto, et nobis.* (Act. xv, 28.)

En présence de semblables propositions, et aussi des imputations odieuses dont nous avons parlé plus haut, il ne nous était plus libre de garder le silence, il ne nous était pas permis de ne pas agir; car, en pareille occasion, comme le dit le pape saint Célestin, se taire, serait conniver.

Aussi avons-nous cité immédiatement l'auteur du livre devant notre Officialité, qu'à cause de la gravité de la circonstance, nous avons voulu présider Nous-même; et pendant quatre séances entières, et tenues à divers intervalles, ses explications, ses excuses ont été religieusement écoutées et paternellement accueillies. Voulant même venir à son aide par tous les moyens qui étaient en notre pouvoir, et, pour parler avec saint Augustin, le guérir par les attentions de la charité pastorale, plutôt que d'agir avec lui comme si nous désespérions de son retour, nous lui avons souvent adressé des observations bienveillantes; nous lui avons rappelé les enseignements de l'Église sur les points qu'il attaque dans son ouvrage; nous lui avons fourni les indications qui nous semblaient propres à l'éclairer. Grâce à Dieu, nos efforts n'ont pas été entièrement inutiles : il a déclaré s'en tenir, sur ce qui concerne l'autorité de l'Église relativement aux faits, à la doctrine commune des théologiens approuvés; n'avoir pas attaché aux propositions qui blessent l'autorité épiscopale le sens qu'elles présentent par elles-mêmes; et il s'est excusé sur les expressions inexactes de son livre, par la rapidité avec laquelle il l'a composé. Il a même modifié l'une de ses assertions principales et retiré une des graves imputations qui y sont contenues. Mais il a maintenu les autres et persisté à soutenir que les prêtres et même les simples fidèles ont le droit de réclamer, par la voie de la presse, contre les ordonnances de leurs Évêques qu'ils croiraient contraires à l'enseignement ou à la discipline de l'Église, pourvu que ces publications soient restreintes à un certain ordre de personnes. Aussi avons-nous été forcé de prononcer contre lui la sentence qui nous a paru nécessaire pour la répression du scandale et pour le maintien de la discipline dans notre Diocèse.

Mais, nos très-chers Frères, parce que le *prospectus* est répandu dans toute la France, que le livre s'est vendu et se vend encore, nous ne pouvons nous borner à cette mesure. Ce n'est pas assez de réprimer le scandale, il faut en arrêter la propagation. Un désaveu secret et partiel n'y saurait suffire. Et nous ne pouvons oublier que les saints Canons infligent à ceux qui conservent ou propagent des livres de ce genre les mêmes peines qu'à leurs auteurs. *Qui ea priùs invenerit rumpat, si non vult auctoris facti causam incurrere.*

A ces causes, après en avoir conféré avec nos vénérables Frères les Chanoines de notre Église cathédrale, avoir pris l'avis et ouï l'avis de notre Conseil, *le saint nom de Dieu invoqué,* Nous avons arrêté et arrêtons ce qui suit. (Voyez à la dix-huitième objection les conclusions de ce beau Mandement, page 105.)

Tout le clergé a applaudi à la conduite du nouveau prélat qui a su mener à bonne fin l'affaire de la Salette. Sa prudence, sa douceur, sa patience, sa charité lui ont valu aussi, dès le commencement, de la part de certains opposants et même de certains partisans trop zélés, le reproche d'indifférence ou même d'incrédulité ; mais il a prouvé à tous que s'il a cru, comme un bon père, devoir supporter ou excuser les torts de quelques-uns de ses enfants dans l'espoir de les voir revenir à de meilleurs sentiments, il a su montrer aussi, quand il en a été temps, le courage et la fermeté d'un évêque qui comprend le devoir de sa charge.

La publication de ce Mandement si vivement désiré par tous les bons fidèles a achevé d'anéantir pour toujours tous les genres de batteries imaginés par les opposants contre Notre-Dame de la Salette. Dieu soit loué d'avoir donné à Mgr de Bruillard un si digne successeur dans la personne de Mgr Ginoulhiac !

Rassure-toi, te dirons-nous encore, Dame de la Salette, parce que les évêques de France, et autres, provoqués par l'ignoble *prospectus* et par l'injurieux *mémoire*, ont tous comme à l'envi élevé avec amour un œil d'affection vers ton beau sanctuaire, et abaissé avec indignation un regard de pitié sur tes lâches adversaires !

Rassure-toi, Salette, te dirons-nous toujours, ou plutôt triomphe, parce que déjà avant que le premier Pasteur eût publié son jugement doctrinal contre le nouveau pamphlet, tous ses prêtres avaient spontanément et comme à l'envi protesté, un grand nombre en masse et plusieurs en particulier, contre l'infâme *mémoire* et son ignoble *prospectus*. Pour vous en convaincre, lisez, vous surtout qui allez disant que le clergé de Grenoble n'y croit pas, lisez la protestation suivante qui fut signée à l'unanimité par tous les prêtres desservants du canton de La-Tour-du-Pin, réunis le 2 octobre 1854 pour la conférence ecclésiastique au presbytère de Sainte-Blandine, sous la présidence de de leur digne Archiprêtre.

PROTESTATION.

« MONSEIGNEUR ,

« Les Prêtres du canton de La-Tour-du-Pin, réunis à Sainte-
» Blandine, sous la présidence de leur Archiprêtre pour la
» conférence du mois d'octobre, ont l'honneur de protester à
» l'unanimité, et avec la plus vive indignation, contre un
» infâme *prospectus* contre la Salette, qui leur a été commu-

» niqué, et contre l'ouvrage annoncé qui doit être pareil-
» lement abominable; ils déclarent aussi avec bonheur qu'ils
» ne veulent pas être du nombre de ces prêtres *intelligents et*
» *consciencieux* dont parle le *prospectus.*

» Fait au presbytère de Sainte-Blandine, le 2 octobre 1854. »

(Suivent seize signatures.)

Les prêtres du diocèse de Grenoble ont toujours montré
le plus vif intérêt à la cause de la Salette, comme le
témoigne encore la protestation suivante, qui fut rédigée
à la suite de la touchante allocution dont nous avons
parlé à la page 103, xviii objection.

AUTRE PROTESTATION.

Grenoble, le 11 septembre 1852.

« Monseigneur,

» Les membres soussignés du Clergé, réunis pour la retraite
» pastorale, soumis à l'autorité de leur Évêque, portant son
» jugement doctrinal sur le fait de la Salette, protestent spon-
» tanément et avec énergie, contre tout ce qu'un pamphlet
» qui vient de paraître contient d'injurieux au premier Pasteur
» du Diocèse et à des confrères honorés à juste titre de votre
» confiance, et que nous aimons et vénérons comme nos pères,
» ou que nous chérissons comme des frères et des amis. Ils
» protestent également contre tout écrit semblable qui serait
» publié à l'avenir. »

(Suivent deux cent douze signatures.)

Rassure-toi, Salette, te répéterons-nous sans cesse,
parce que, à mesure que tes plus audacieux détracteurs
redoubleront de haine et d'envie contre toi, tes innom-

brables adhérents redoubleront aussi de zèle et d'amour
pour ton triomphe et pour ta gloire. Oui, c'est pour notre
siècle un spectacle bien consolant, c'est un sujet de
triomphe bien glorieux pour toi, ô Vierge de la Salette,
de voir une multitude infinie de personnes plongées dans
l'indifférence se réveiller au bruit des attaques de tes
ennemis pour accourir à ton sanctuaire et prendre ta
défense avec un courage admirable.

Voici à peu près en quels termes un juge de paix de
nos contrées jugeait naguère les auteurs du *prospectus*
en question : « Les opposants se condamnent eux-mêmes
» dans leurs paroles et dans leurs procédés contre la
» Salette. Ils ont le vertige, et je ne puis autrement
» expliquer leur conduite. » C'est ainsi que partout les
opposants sont jugés. Et certes ! ils ne peuvent espérer
qu'il en soit autrement. Car tous leurs écrits ne sont qu'un
tissu bizarre de *réticences graves et réfléchies, d'assertions
fausses ou hasardées, d'allégations sans fondement et inju-
rieuses pour l'autorité, d'insinuations insidieuses, enfin de
calomnies atroces.* Nous ne les relèverons pas autrement
que comme nous l'avons fait dans les réponses aux objections qui précèdent. Mais nous ne pouvons nous empêcher
de faire remarquer ici l'un de leurs raisonnements autour
duquel ils tournent sans cesse et qui fait la base de tous
les autres. Le voici dans toute sa simplicité. « *Les bergers
» n'ont rien vu; donc ils n'ont point vu de dame blanche,
» mais bien une dame noire, c'est-à-dire une religieuse.* » Et
encore : « *Les bergers n'ont rien entendu; donc leur récit
» a été falsifié.* » Un enfant qui saurait distinguer le *oui* du
non, leur répondrait avec raison : Si les bergers n'ont rien

vu ; donc ils n'ont vu ni dame blanche, ni dame noire : et s'ils ont vu une dame noire, donc ils ont vu quelque chose. De même, si les bergers n'ont rien entendu, leur récit n'a donc pas pu être falsifié. Mais si leur récit a été falsifié, il y a donc un vrai récit, un récit véritable. Car falsifier, selon le dictionnaire usuel, signifie contrefaire, ou altérer avec mélange. Voilà un vrai échantillon de la sagesse et de la valeur de leurs raisonnements. Par où il est aisé de comprendre qu'ils se réfutent ordinairement eux-mêmes de la manière la plus complète. Les ennemis de la Salette peuvent donc entasser contre elle une montagne de raisonnements de cette force, ils ne feront que mieux ressortir la vérité de cette parole remarquable du petit Maximin, qui mieux que personne a su peindre en un seul mot toute l'histoire de la Salette. « *La Salette*, disait-il » un jour à M. l'abbé Rousselot, en mars 1851, *est comme* » *une fleur qu'en hiver on couvre de boue et de fumier,* » *mais qui en été sort plus belle.* »

Nous concluons donc que, tant que la Salette n'aura pour la combattre que des opposants du genre et du mérite de ceux qui se sont produits jusqu'à ce jour, et elle n'en aura jamais d'autres, elle n'a pas à craindre leurs menaces, ni à redouter leurs coups : elle ne peut que gagner à leurs attaques, comme le prouve hautement l'histoire de ses huit premières années, où chaque nouvelle levée de boucliers lui a valu un *nouveau triomphe.*

VINGT–SIXIÈME OBJECTION.

Les opposants. — La preuve tirée du miracle en faveur d'un fait, ou de la sainteté d'une doctrine est aux yeux de tout le monde un argument sans réplique. Tous les hommes s'inclinent devant la force du miracle, le savant comme l'ignorant, le riche comme le pauvre, le grand comme le petit; parce que le miracle a toujours été regardé comme le vrai cachet de la volonté divine.

Or, comme un seul miracle bien constaté prouve autant que plusieurs, nous ne demandons qu'un seul miracle bien authentique en faveur de l'apparition de Notre-Dame à la Salette, pour y croire.

Donc, si vous pouvez nous citer un seul miracle obtenu par l'invocation de la Vierge de la Salette, nous cesserons toute objection contre la pieuse croyance à ce fait, et nous promettons de nous ranger parmi ses partisans.

Réponse. — Nous convenons avec vous que la preuve tirée du miracle a toujours été considérée comme un argument sans réplique : d'abord, parce que le miracle est au-dessus de tous les raisonnements, ensuite parce qu'il est à la portée de tout le monde, tandis que les raisonnements ne peuvent pas être toujours compris par tous les hommes. C'est ainsi que Jésus-Christ lui-même l'a envisagée.

En effet, veut-il prouver aux incrédules de son temps, aux Scribes par exemple, (car dans tous les temps il y a eu des incrédules) qu'il est venu sur la terre pour exercer un pouvoir surnaturel, un pouvoir divin, celui de remettre les péchés, il profite d'une circonstance favorable où il puisse ajouter la preuve par le miracle, afin de confondre l'incrédule, qui a toujours une porte ouverte pour éluder la force d'un raisonnement.

Un jour donc qu'il vint à Capharnaüm, la maison où il entra se remplit d'une foule compacte de personnes attirées par le bruit de ses merveilles. Au même instant quatre hommes robustes apportèrent étendu sur un grabat un paralytique, qui avait grande confiance en la puissance et en la bonté du Sauveur. Les quatre porteurs, ne pouvant venir à bout de pénétrer jusqu'à Jésus-Christ à cause de la foule, eurent recours à la ruse. Ils enlevèrent une partie du toit de la maison et descendirent, au moyen de cordes, le malade avec son grabat devant le Sauveur, qui, voyant leur foi et leur persévérance, adressa la parole au paralytique et lui dit : « *Mon fils, vos péchés vous sont remis.*» Remettre les péchés était, certes! alors comme aujourd'hui, un plus grand miracle que de guérir subitement un paralytique. Mais, parce que ce miracle était invisible et ne pouvait se prouver que par un autre miracle visible, les Scribes ne voulurent pas y croire. Ils contestèrent au Sauveur le pouvoir auguste de remettre les péchés, et allèrent jusqu'à l'accuser de blasphème, parce qu'il osait s'attribuer un pouvoir qui ne convient qu'à Dieu, en lui disant : « *Qui a le pouvoir de remettre les péchés, si ce n'est Dieu seul* (1)? »

Jésus-Christ, qui s'attendait à cette objection, ne perdit

____

(1) *S. Matth.* ch. 9. — *S. Marc,* ch. 2. — *S. Luc,* ch. 5.

pas le temps à disputer ; ce qui n'aurait abouti à rien pour des incrédules ; mais il leur répondit par un second miracle visible et éclatant. S'adressant donc particulièrement aux opposants assis à ses côtés, il dit : *Qu'y a-t-il de plus facile* » *de dire à ce paralytique : Vos péchés vous sont remis, ou de* » *lui dire : Levez-vous, prenez votre grabat et marchez ? Or,* » *afin que vous sachiez que le Fils de l'homme a sur la terre le* » *pouvoir de remettre les péchés,* se tournant alors amicale- » ment vers le paralytique, il lui dit avec un ton de maître : » *Je vous l'ordonne, levez-vous, prenez votre grabat sur vos* » *épaules et allez-vous-en chez vous.»* Aussitôt le paralytique se lève, prend son lit et s'en va, laissant toute l'assemblée dans la plus grande admiration. Aucun même de ceux qui lui avaient contesté le pouvoir de remettre les péchés, n'osa dire mot. Telle est la force du miracle.

Faisant l'application de ce raisonnement au fait de la Salette, il nous paraît certain que si Dieu venait dire aux incrédules de nos jours : Or afin que vous sachiez que c'est la Mère de mon Fils qui a parlé aux bergers de la Salette sous l'image d'une belle dame, je veux, j'ordonne que ce malade, qui languit sur son grabat depuis dix-neuf ans, par exemple, pour qui l'on a épuisé en vain toutes les ressources de l'art, et que les médecins ont condamné à une mort prochaine et inévitable, j'ordonne, dis-je, que ce malade se lève tout à coup sain et robuste au bout d'un terme fixé, pendant lequel il aura invoqué avec con- fiance Notre-Dame de la Salette, ou bien fait un saint usage de l'eau de la fontaine miraculeuse, ou seulement par la pieuse dévotion à son image ; il nous paraît certain, dis-je, qu'une guérison de cette nature les réduirait tous au silence et à l'admiration , tout comme la guérison du paralytique de l'Évangile réduisit les Scribes et les força à l'admiration avec tout le peuple.

Eh bien , ce raisonnement plus puissant que la logique, qui convainc et persuade malgré les invraisemblances, qui rejette toute objection, qui met fin à toute discussion, à tout débat, Dieu a bien voulu l'employer en faveur de l'événement de la Salette. Nous pouvons citer des guérisons à peu de choses près aussi étonnantes et aussi merveilleuses que la guérison du paralytique de l'Évangile obtenues par l'intercession immédiate de Notre-Dame de la Salette. Et puisque vous ne demandez qu'une seule guérison qui soit vraiment miraculeuse et solidement prouvée, pour croire sincèrement au miracle de la Salette, par la raison qu'une seule suffit pour convaincre le plus incrédule, je ne citerai que la guérison soudaine et radicale opérée miraculeusement sur la personne de Marie-Antoinette Bollenat , dont nous pouvons fournir la preuve juridique.

Il ne faut pas oublier que, pour qu'un miracle puisse être invoqué comme une preuve de la volonté de Dieu, il faut qu'il ait été d'abord constaté par l'Église suivant les règles voulues par les canons.

Or la guérison d'Antoinette Bollenat du diocèse de Sens arrivée le 21 novembre (fête de la Présentation de la Bienheureuse Vierge Marie) 1847 renferme toutes les conditions exigées pour constituer un miracle du troisième ordre. Pour le prouver nous n'aurions besoin que de citer ici le Mandement de Mgr l'Archevêque de Sens du 4 mars 1849, qui déclare cette guérison miraculeuse. Cependant pour mieux faire apprécier les circonstances de cette guérison, nous le ferons précéder 1° par le résumé du rapport du docteur Gagniard, qui a soigné la malade pendant dix-sept ans; 2° par les conclusions du rapport de M. Chauveau vicaire général de Sens chargé par l'Archevêque de lui faire part du travail de la commission qui avait été nommée pour examiner cette affaire. Mais avant de mettre ces pièces sous les yeux du lecteur nous allons faire la relation abrégée de la guérison d'Antoinette Bollenat.

Relation de la guérison d'Antoinette Bollenat.

Marie-Antoinette Bollenat d'Avallon, diocèse de Sens, a été guérie à l'âge de trente-trois ans le 21 novembre, 1847 à six heures du soir, à la suite d'une neuvaine en l'honneur de Notre-Dame de la Salette, d'une maladie qui a duré près de vingt ans, et qui avait été causée par un acte de violence, dont elle fut victime à l'âge de douze ans. La personne qui l'avait maltraitée, lui avait appuyé violemment le genou sur la poitrine et la région épigastrique.

Cette guérison a été subite et instantanée, parfaite et entière, comme le prouvent les pièces suivantes.

Premier certificat de M. Edme Gagniard, docteur-médecin de la Faculté de Paris, qui exerce la médecine à Avallon et qui a donné les soins de son art à Antoinette Bollenat, depuis 1830 jusqu'en 1847.

« 1° Depuis dix-sept ans, Antoinette Bollenat vomissait tout ce qu'elle mangeait, digérait à peine quelques cuillerées de bouillon ou de lait. Les trois derniers mois, jusqu'au 21 novembre, elle ne digérait plus rien;

» 2° Depuis trois ans, Antoinette Bollenat n'a pas marché; elle est restée sur son dos, pouvant à peine faire exécuter quelques légers mouvements à ses membres inférieurs;

» 3° Depuis dix ans, Antoinette Bollenat ne pouvait se coucher sur son côté gauche; elle était presque entièrement privée de sommeil;

» 4° Depuis dix-neuf ans, les douleurs d'estomac, insupportables sur la fin, n'avaient jamais cessé;

» 5° Depuis sept ans, une tumeur énorme existait à la partie supérieure, moyenne et latérale du ventre, et depuis longtemps je n'employais plus aucune espèce de médication, soit pour guérir cette tumeur, soit pour en arrêter le développement;

1° Le 21 novembre, à six heures du soir, sans transition aucune, sans qu'aucune crise se soit manifestée, elle mange et digère très-bien un fort potage, des légumes et des fruits;

2° Le 21 novembre, Antoinette Bollenat se lève, met ses vêtements, ses bas, se promène dans sa chambre;

3° Le 21 novembre, Antoinette Bollenat se couche sur le côté gauche et dort toute la nuit;

4° Le 21 novembre, il ne reste plus aucune douleur à la région épigastrique, ni à aucune partie de l'hypocondre gauche;

5° Le 21 novembre, la tumeur a complétement disparu; aucun mouvement critique, aucun écoulement quelconque, purulent ou autre, n'avait lieu par aucune voie;

» 6º Le 19 novembre 1847, Antoinette Bollenat présentait tous les symptômes d'une mort prochaine. »

6º Le 21 novembre et jours suivants, nous l'avons vue pleine de santé.

» En foi de quoi j'ai délivré le présent certificat, que je » déclare sincère et véritable.

» Avallon, le 4 décembre 1847.

» GAGNIARD, *d. m. p.* »

Autre Certificat du docteur Gagniard.

« Je soussigné, docteur en médecine de la Faculté de Paris, » certifie que la fille Bollenat, que j'ai vue très-souvent depuis » le 21 novembre 1847, soit chez elle, soit à la maison où elle » a travaillé dernièrement encore comme couturière, a joui » depuis cette époque jusqu'à ce jour, de la santé la plus » florissante qu'il soit possible d'imaginer. Aucune fonction » n'a éprouvé le plus petit dérangement, ce qui, pour moi, est » très-remarquable, puisque depuis dix-huit ans j'ai toujours » vu cette fille malade....

« En foi de quoi j'ai délivré le présent certificat, que j'affirme » sincère et véritable.

» Avallon, le 31 janvier 1849.

» Signé GAGNIARD, *d. m. p.* »

Conclusion du rapport de M. Chauveau.

» MONSEIGNEUR,

» J'ai terminé le travail que Votre Grandeur m'avait confié et l'examen du fait de la guérison d'Antoinette Bollenat, arrivée à Avallon, le 21 novembre 1847. Il ne me reste plus qu'à formuler une consciencieuse pensée que je dois soumettre et que je soumets entièrement à votre haute sagesse; car ce n'est pas en vain que l'Esprit-Saint a reposé sur vous au jour de votre consécration épiscopale.

» Dans l'examen scrupuleux des faits, il résulte que la guérison d'Antoinette Bollenat renferme tous les caractères que Benoît XIV exige pour une guérison miraculeuse : la guérison d'Antoinette Bollenat est donc miraculeuse.

» Dans quelle classe de miracles doit-on placer cette guérison? Il faut en convenir : ce n'est point un miracle au-dessus de la nature, *supra naturam*, comme le serait la résurrection d'un mort; ce n'est pas un miracle opposé aux lois de la nature, comme le serait une infraction aux règles et aux principes qui la régissent par l'ordre du Créateur, *contra naturam*; c'est un miracle du troisième ordre opéré comme dit la théologie, outre la nature, *præter naturam*.

» C'est un miracle : il vient de Dieu; la science et l'art ont été invoqués, et la science et l'art ont hautement confessé leur impuissance : *Ex Deo, non ex arte*. Il vient de Dieu, invoqué avec foi et confiance, à la suite d'une neuvaine faite en l'honneur de la très-sainte Vierge, implorée depuis quelque temps sous le nom de Notre-Dame de la Salette; ce miracle a été opéré non par la force des paroles, comme on dit, *non ex vi verborum*, mais par les prières et l'intercession de la glorieuse Mère de Dieu, *sed alicujus Sancti precibus et intercessione*.

» Quel est le but de ce miracle? Que doit-il en résulter? Ah! sans doute, un témoignage de bonté miséricordieuse pour celle qui en a été l'objet, mais aussi une preuve nouvelle en faveur de la foi catholique, *ad fidei catholicæ confirmationem*; la glorification de la puissante Mère de Dieu, *ad annuntiandum alicujus sanctitatem*; l'édification des âmes pieuses, peut-être le retour de quelques âmes indociles à la foi et à la piété, peut-être la conversion de quelques pécheurs.

» Agissant donc selon ma conscience et ma conviction personnelle, j'ai l'honneur de proposer à Votre Grandeur de prononcer affirmativement sur le fait miraculeux de la guérison d'Antoinette Bollenat, fait miraculeux dont j'ai entrepris l'examen par votre ordre, pour la gloire de Dieu et l'honneur de sa sainte

Mère. Puisse ce travail attirer la bénédiction du Fils et la protection de la Mère sur celui qui aimera toujours à se dire,

» Monseigneur,

» de Votre Grandeur,

» le très-respectueux et très-affectueux serviteur,

» Signé E. CHAUVEAU, *vic. gen.* »

Sens, le 20 février 1849.

MANDEMENT DE Mgr L'ARCHEVÊQUE DE SENS.

« MELLON JOLLY, par la miséricorde divine et la grâce du Saint-Siége apostolique, Archevêque de Sens, Evêque d'Auxerre, Primat des Gaules et de Germanie,

» Vu le rapport de la commission nommée par nous, le 24 janvier 1848, pour procéder à une enquête juridique sur les faits relatifs à une guérison extraordinaire arrivée à Avallon, le 21 novembre 1847, sur la personne d'Antoinette Bollenat, après une neuvaine à la très-sainte Vierge;

» Vu les interrogatoires des témoins et du médecin, en date des 7, 8 et 14 février 1848;

» Vu les certificats et pièces annexés à ces interrogatoires;

» Vu le rapport présenté à Nous, le 20 fevrier 1849, par M. l'abbé Chauveau, notre vicaire général, chargé par Nous de l'examen de cette affaire et d'en discuter les faits;

» Vu les conclusions du rapport;

» Après avoir pris l'avis de notre conseil,

» Le saint nom de Dieu invoqué,

» Déclarons, pour la gloire de Dieu, la glorification de la très-sainte Vierge et l'édification des fidèles, que la guérison d'Antoinette Bollenat, opérée le 21 novembre 1847, après une neuvaine à la très-sainte Vierge, Mère de Dieu, invoquée sous le nom de Notre-Dame-de-la-Salette, présente toutes les conditions et tous les caractères d'une guérison miraculeuse, et constitue un miracle de troisième ordre.

» Donné à Sens, sous notre seing, le sceau de nos armes et le contre-seing de notre vicaire général, secrétaire particulier, le 4 mars de l'an de grâce 1849.

(L. S.)   Signé † MELLON, *Archevêque de Sens.*

» Par Mandement de Monseigneur l'Archevêque :

» E. CHAUVEAU, *vic. gen.* »

RÉSUMÉ DE L'OUVRAGE.

Après la preuve tirée du miracle en faveur du fait de la Salette il ne nous est pas permis de plus rien ajouter. Que nous reste-t-il donc à faire? Il ne nous reste plus qu'à nous résumer, et à tirer les conséquences pratiques de ce grave événement.

Nous nous résumons, en disant que toutes les objections que nous avons pu recueillir contre cette insigne faveur sont sans fondement aucun, et par conséquent toutes elles ont eu pour principe et pour cause l'ignorance chez les uns et la malveillance chez quelques autres. D'ailleurs nous savons que Dieu ne peut se contredire. Il n'a donc pas dû permettre qu'on pût jamais rien objecter de sérieux et de raisonnable contre un fait, auquel les éléments eux-mêmes, l'eau, l'air, la terre et le ciel rendent depuis neuf ans de nombreux et d'éclatants témoignages.

Notre *conclusion pratique* sera donc de publier hautement l'apparition de Marie à la Salette; d'accepter avec reconnaissance les graves enseignements qui nous y sont donnés par la plus tendre et la plus miséricordieuse des Mères. Notre conclusion pratique sera donc encore de suivre avec l'œil observateur de la foi et de la saine raison les leçons que Dieu semble nous donner dans les témoignages que ce fait reçoit depuis son origine soit de l'eau, soit de l'air, soit de la terre, soit enfin des cieux.

Témoignage de l'eau.

La miséricordieuse Dame prévoyant qu'un certain nombre de personnes ne voudraient pas croire à sa céleste visite, a bien voulu nous laisser sur le lieu même un témoin constant et incorruptible de sa sainte apparition. C'est la fontaine du *Sèzia*, qui était à sec alors, qui tarissait tous les ans de un à deux mois pendant l'été, et qui depuis coule sans interruption malgré les plus longues sécheresses.

Eau aussi bienfaisante que merveilleuse, qui n'a jamais causé le plus petit malaise aux buveurs, qui arrivent à pieds presque toujours en moiteur après une longue et pénible ascension, et qui saintement avides en boivent souvent à discrétion.

Eau aussi merveilleuse dans ses effets que dans son principe, qui a rendu la santé à une infinité de malades.

Eau singulièrement significative et instructive, qui nous dit à tous qu'il faut que la belle France soit bien coupable envers Dieu, puis qu'il a fallu que Marie soit venue tremper de ses larmes ses rocs stériles !

Eau mystérieuse, qui nous prêche à tous que si Marie a forcé par sa présence un dur rocher à laisser couler une fontaine qui s'est mêlée à ses pleurs, il faut que nous mêlions nos larmes aux siennes, si nous voulons que Dieu retire son bras étendu et prêt à nous frapper. La miséricorde de Dieu est grande ; mais sa justice ne peut céder tous ces droits à sa miséricorde. Ainsi donc, ou pleurer avec Marie, ou nous attendre à voir les maux dont Marie nous menace, il n'y a pas de milieu. Oh ! puisse cette eau salutaire, qui se mêle à tous les autres éléments qui servent à la vie de l'homme, puisse-t-elle aussi couler dans les cœurs les plus endurcis, pour les amollir, les purifier et les féconder !

Témoignage de l'air.

Tous les hommes s'accordent aujourd'hui pour déposer que l'air que nous respirons, est impreigné depuis plusieurs années de principes délétères et morbifiques, qui engendrent la maladie qui dévore la vigne, les arbres fruitiers et surtout la pomme de terre, qui devrait ce semble être plus que tout le reste à l'abri de cette maladie, parce que croissant dans la terre elle devrait être moins exposée à l'action de l'air.

Les hommes les plus instruits de nos jours, les plus savants agriculteurs, les chimistes, les médecins, les naturalistes se sont mis en travail pour chercher la cause de cette maladie singulière et inconnue, et pour en trouver le remède ; mais aucun d'eux n'a mieux dit, n'a même aussi bien dit que la Dame de la Salette, quand elle a dit *que si les pommes de terre se gâtent, ce n'est rien que pour vous autres*, c'est-à-dire, ce n'est qu'à cause de vos désordres.

Témoignage de la terre.

La terre atteste aussi sur toutes les faces du globe que Marie a apparu à la Salette, en refusant opiniâtrément de satisfaire à tous les vœux de ses laborieux , mais trop ingrats enfants, et de payer avantageusement tous leurs pénibles labeurs. Et comment pourrait-elle ne pas sentir ses entrailles se resserrer, et ses mamelles se rétrécir en entendant le malheureux laboureur insulter à chaque sillon au nom adorable de Dieu? Comment pourrait-elle continuer à faire couler sur nous des ruisseaux de vin et de lait, en entendant les discours impies, les conversations licencieuses, les chansons obscènes, les horribles blas-phèmes, les imprécations exécrables des vignerons et d'un grand nombre de ceux qui boivent le vin? Non, Dieu qui a créé la terre et tout ce qu'elle renferme pour l'usage de l'homme, ne veut pas qu'elle soit plus longtemps com-plice de la vie déréglée de ses enfants; et c'est pourquoi ce Dieu, bon mais juste, maudit le fruit de ses entrailles souvent même au moment où les hommes s'apprêtent à le cueillir pour satisfaire leurs appétits grossiers. Ainsi la terre crie à tous les hommes, comme la sainte Vierge à la Salette : Convertissez-vous à Dieu, et je me convertirai à vous.

Témoignage des Cieux.

Le Ciel proclame la miséricordieuse apparition de Marie à la Salette de deux manières bien différentes : par des *faveurs* sans nombre d'un côté, et par des *fléaux* terribles de l'autre.

1° *Faveurs.* Ces *faveurs* et ces *grâces*, sont des conversions inattendues, des guérisons merveilleuses, obtenues par l'invocation spéciale de Notre-Dame de la Salette. Nous ne nous y arrêterons pas ici, pour ne pas dépasser les limites que nous nous sommes tracées dans ce petit ouvrage.

Ces *grâces* et ces *faveurs* sont, pour parler un peu de celles qui sont particulières à la France, la gloire et la paix dont elle jouit aujourd'hui alors que son nom ne devrait plus compter parmi les grandes nations de la terre, à en juger par le cours ordinaire des choses et selon les prévisions de plusieurs.

Où allons-nous, se demandait-on en France en 1848, où allons-nous? Si Dieu n'y met la main, c'en est fait de la France! On a dit avec raison que la société en France a dû son salut à trois grands corps : au *Clergé*, à *l'Armée* et à la *Magistrature.*

Le Clergé a bien mérité du pays en donnant l'exemple du dévouement le plus admirable. L'histoire redira non sans admiration la conduite héroïque du bon et noble Archevêque de Paris, Mgr Affre, qui aux lamentables journées de juin 1848, s'est montré, une branche de palmier à la main, au milieu des barricades des insurgés, pour acheter au prix de son sang l'espoir d'une paix prochaine! (900 barricades avaient été dressées dans Paris). O digne Prélat de la Fille aînée de l'Eglise, ô bon Pasteur, ta prière, *que mon sang soit le dernier versé,* a été toute-puissante auprès du Dieu des miséricordes! Ta sainte et généreuse mort nous a valu la paix!

L'armée aussi a payé à la nation le tribut d'un noble courage, en immolant dans un combat sanglant de quatre jours sept de ses plus braves généraux, sans compter leurs nombreux compagnons d'armes!

La magistrature aussi s'est montrée digne de son mandat, en maintenant le respect dû à la sagesse des lois!

Mais qu'il me soit permis de le rappeler ici : Qui a maintenu de bout ces *trois colonnes* de la société? Ah! c'est qu'il y avait au-dessus de nous un Personnage qui veillait du haut de la sainte montagne, plus vigilant que le Prêtre, plus puissant que le soldat, plus clairvoyant que le magistrat. C'est Marie, qui s'est souvenue que la France n'a jamais abjuré son culte. Elle a entendu les soupirs et les gémissements des cœurs généreux qui ont crié vers elle : Au secours! Marie, au secours! Et Marie encore une fois a interposé sa puissante médiation devant le bras irrité du Dieu des vengeances! Honneur donc et reconnaissance à la Dame de la Salette, qui, après nous avoir avertis avant le danger, nous a secourus au moment du plus fort de la tempête!

2° *Fléaux.* — Il faudrait vraiment avoir des yeux pour ne pas voir, et des oreilles pour ne pas entendre, pour ne pas comprendre aujourd'hui que ce fléau qui afflige encore aujourd'hui la vigne, l'arbre à fruit, la plante potagère, n'est qu'une suite non interrompue de la publication du miracle de la Salette, comme nous l'avons déjà fait observer plusieurs fois.

Mais il faudrait aussi en quelque sorte fermer les yeux et se boucher les oreilles pour ne pas reconnaître que c'est de la montagne de la Salette que sont partis les premiers signaux de ces épouvantables catastrophes qui ont failli engloutir l'Europe dans le goufre de la plus affreuse révolution. Oui, les guerres civiles, le choléra, la guerre d'Orient, tous les fléaux, en un mot, dont nous sommes témoins depuis l'année prophétique, nous prouvent aussi avec leur logique sévère que Marie a apparu à la Salette, et qu'elle n'a pas menti en nous menaçant de la famine et de la mort, si nous refusons de nous convertir et de nous amender ! ! !

DERNIÈRE RÉPLIQUE.

Les opposants. — Je ne veux plus rien objecter contre la Salette; mais permettez-moi une dernière réplique.

J'admets la preuve tirée du miracle, parce qu'en la repoussant, je repousserais la voix même de Dieu, qui est la vérité par essence, et qui ne peut jamais accréditer le mensonge ou l'erreur. J'admets la vérité du miracle de la guérison instantanée d'Antoinette Bollenat, que vous avez cité en preuve du miracle de la Salette, parce qu'il est canoniquement prouvé, et qu'on ne peut le nier et le rejeter sans tomber dans le ridicule ou même l'absurde, et par conséquent je suis obligé d'admettre la vérité de l'apparition d'une Dame à la Salette qui a parlé aux bergers, et qui a disparu dans les airs.

Je ne viens point non plus repousser leur part de témoignages en faveur de cette apparition miraculeuse que la

Salette reçoit chaque jour des éléments eux-mêmes, parce que la voix des éléments est trop puissante pour qu'un homme sensé ose la méconnaître. Ainsi j'admets que le témoignage du *Sézia* qui a coulé le lendemain de l'apparition contre toutes les règles ordinaires des lois de la nature, et qui a toujours coulé depuis sans interruption aucune contre son ordinaire, doit avoir une merveilleuse puissance pour attirer les pèlerins vers la Salette.

Je conviens aussi avec vous qu'il y a une liaison remarquable entre les paroles de la belle Dame et tous les genres de fléaux qui ont désolé le monde depuis l'époque d l'apparition.

Mais il me semble que c'est donner à cet événemen une importance d'une trop haute portée, que d'en faire dépendre tous les revers politiques et tous les fléaux : la révolution de 1848, l'exil du souverain Pontife à Gaëte, en 1849, la guerre d'Orient, les ravages du choléra, etc. Je ne vois rien dans les paroles de la Dame qui annonce ces événements d'une manière positive.

Je ne puis donc pas admettre, comme vous avez l'air de le faire à la fin de votre ouvrage, que ce soit de la Salette que sont partis les premiers signaux de ces catastrophes qui ont épouvanté le monde depuis l'année de l'Apparition.

RÉPONSE. — Je ne veux donner au fait de la Salette que l'importance qu'il mérite. Je n'ai point prétendu qu'on dût faire dépendre de ce fait tous les autres faits politiques et sociaux qui ont eu lieu depuis. Mais ce qui est bien digne de remarque, c'est qu'aucune bouche, aucun écrivain du temps n'a dépeint d'une manière aussi claire, ni avec un aussi grand courage, l'état moral de la société au milieu du dix-neuvième siècle, et n'a prédit avec une si noble assurance la nécessité d'un nouveau baptême de pénitence pour régénérer cette société tombée dans les bas-fonds du matérialisme.

Oui, prenez tous les discours des orateurs politiques et des orateurs sacrés, consultez tous les écrits des auteurs qui ont paru en 1846, et comparez leurs paroles avec les paroles de la Dame de la Salette, vous verrez qu'aucun orateur, qu'aucun écrivain n'a su aussi bien qu'elle faire remarquer le mal général, et n'a mieux su qu'elle en indiquer le vrai remède. Le mal est tout dans l'impiété et dans l'impénitence, dans la soif de l'or et des plaisirs. Le remède est tout dans le retour à la piété envers Dieu, et dans les œuvres de pénitence. Deux pauvres pâtres des Alpes sont choisis pour commencer cette belle mission, afin que l'on sache et que l'on reconnaisse que c'est de Dieu seul que vient le salut !

Qu'on me cite, dis-je, l'orateur, qu'on me nomme l'écrivain qui ait osé prédire en termes aussi simples et aussi clairs que l'a fait la Dame de la Salette, cette maladie inconnue qui a attaqué le raisin, les fruits et jusqu'aux légumes ; et qui ait osé et su, comme elle, en dire la véritable cause. Qu'y a-t-il, en effet, de plus clair que ces paroles : « *Les noix deviendront boffes*, pour dire que les » fruits se gâteront ? *Les raisins pourriront ? Si la récolte* » *se gâte, ce n'est rien que pour vous autres*, c'est-à-dire, à » cause de vos désordres ? » Nous avons vu les fruits se gâter, nous avons vu les raisins pourrir pendant plusieurs années consécutives ; et nous avons vu cette prédiction s'accomplir dans les justes proportions que nous avait tracées auparavant la noble Dame : c'est-à-dire que la famine n'a été ni horrible, ni générale, parce qu'on est accouru à la Salette et à tous les sanctuaires où l'on invoque Marie, et parce qu'on s'est converti ; mais pas assez pour faire disparaître les fléaux et voir la fin des maux. Et certes ! personne ne peut dire aujourd'hui qu'elle n'ait pas dit vrai, en nous menaçant de la colère de son Fils. Personne aujourd'hui non plus ne peut dire qu'elle n'a pas été la première, ou plutôt la seule qui ait jeté le premier cri d'alarme pour nous précautionner contre les fléaux et nous faire rentrer en nous-mêmes.

Ainsi je ne vois pas que ce soit donner aux paroles de la noble Dame une signification d'une trop haute portée en lui décernant l'honneur de nous avoir avertis plusieurs années avant le bruit de ces tempêtes politiques qui ont brisé comme un roseau, en 1848, le trône le plus florissant de l'Europe, qui ont jeté dans l'exil, en 1849, un grand et vertueux Pontife Pie IX ; qui ont conduit en Orient, en 1854, les vaillants soldats alliés de deux peuples jusque-là ennemis, pour abaisser la puissance d'un potentat orgueilleux qui voulait mettre sa couronne au-dessus de celle du représentant de Jésus-Christ sur la terre.

Ainsi je ne crois pas que ce soit donner aux promesses de la noble Dame une interprétation mal appliquée, de lui décerner l'honneur de nous avoir arrachés à la fureur des Communistes, de nous avoir préservés du poignard des sociétés secrètes, enfin d'avoir accompagné nos armées d'une chaîne de triomphes et de victoires, qui a replacé la France sur le degré de gloire que lui avaient mérité ses anciennes vertus, et d'où l'avaient fait descendre les vices de ceux qui tenaient les rênes de son gouvernement, lorsqu'elle a daigné descendre parmi nous.

Ce qui prouve que l'événement de la Salette n'avait pas seulement en vue une petite contrée, ni même toute la France seule, c'est que depuis l'époque de l'Apparition de la belle Dame, toutes les nations se sont émues en voyant les efforts qu'a tentés le génie du mal pour détrôner Dieu, détruire la famille et la propriété, et renverser tout l'ordre social de ses bases constitutives. Et j'ose dire qu'on ne préviendra de nouvelles catastrophes et de nouveaux malheurs qu'en suivant les conseils de la Dame de la Salette, c'est-à-dire qu'autant qu'on se soumettra aux ordonnances divines, et qu'on fera de dignes fruits de pénitence. Oh ! comment peut-on méconnaître que c'est à Marie que nous sommes redevables de la paix dont jouit l'Europe au milieu d'une guerre sanglante avec la puissance moscovite ; que c'est à la miséricordieuse et puissante médiation de Marie que nous devons le retour d'un grand nombre de pécheurs aux idées religieuses, vraies bases de la prospérité temporelle dont nous jouissons aujourd'hui, après tous les maux qui nous ont affligés et qui nous menacent encore ?

Pour mieux comprendre tout ce que nous devons à l'auguste médiatrice des hommes auprès de Dieu, qu'on me permette de remettre sous les yeux du lecteur ce que nous avons lu à l'époque dans tous les journaux sur les divers fléaux dont nous a menacés la belle Dame.

Voici comment s'exprimait le journal *l'Assemblée natio-*

nale dans son article cité par *la Voix de la Vérité*, le 7 juin 1849, numéro 696.

« En ce moment la France, l'Angleterre, la Russie, l'Amé-
» rique du Nord sont décimées par cette maladie bizarre qui
» se joue de la science moderne, et semble avoir la mission
» providentielle de démontrer le néant, non-seulement de la
» médecine matérialiste de nos jours, mais encore de tous les
» systèmes de réformations sociales, dont la base est une
» ignoble glorification de la matière. Que deviennent, en effet,
» ces utopies insensées qui font de la satisfaction des besoins
» physiques le but suprême de l'homme, devant ces calamités
» formidables contre lesquelles se brisent des générations
» entières? Certes, si malgré tant de pertes à déplorer, si
» malgré tant de familles en deuil les masses infectées des
» déplorables théories du socialisme, cessaient d'attacher exclu-
» sivement leurs regards vers la terre, et ne fermaient plus
» l'oreille à cette voix intérieure qui nous parle sans cesse et
» malgré nous d'espérances sublimes, loin de nier et d'accuser
» la Providence, ne devrait-on pas au contraire la connaitre
» et la bénir?

» Cent menuisiers, dit le même numéro de la *Voix de la*
» *Vérité*, ne peuvent suffire à construire les cercueils dans
» l'atelier des pompes funèbres, où six suffisaient avant
» l'invasion du fléau. Tout ce qui approche les malades,
» prêtres, médecins, sœurs, infirmiers, etc., sont sur les
» dents; on ne peut entrer dans une église, ni faire cent pas
» dans la rue sans voir inhumer ou tomber quelqu'un. En un
» mot, ce n'est rien exagérer que d'affirmer que depuis
» quelques jours les vivants se trouvent entre les morts et les
» mourants (1). »

(1) « La presse a mentionné de loin en loin les décès des hôpitaux;
mais elle s'est tue sur les morts à domicile. On ne parle de rien
» moins que de sept à huit cents morts par jour, pour Paris et la ban-
» lieue, depuis la naissance des fortes chaleurs. » (Même article du
même journal.)

Voici comment s'exprime *le Siècle* dans son numéro du 5 décembre 1854, sur la maladie qui attaque les fruits et les raisins.

« Il y a des miracles atmosphériques qui font avorter les
» moissons dans le sein de la terre, qui dessèchent la grappe
» sur le cep appauvri. »

Mais laissons les journaux pour emprunter le langage si grave et si noble de nos évêques de France.

Mgr Gerbet, évêque de Perpignan, dans son Mandement à l'occasion du choléra et du Jubilé de 1854, s'exprime ainsi :

« Cette mère nourricière (la nature) du genre humain ne
» tire-t-elle pas de son sein des poisons qui se répandent [à
» grands flots sur les champs les plus fertiles, qui attaquent
» dans leurs germes, sur une vaste étendue de pays, les
» substances alimentaires, et corrompent ainsi, pour les popu-
» lations stupéfaites et consternées, les *sources* même de la
» vie? Quand elle lance sur les contrées les plus confiantes
» dans la salubrité de leur climat, ces épidémies mystérieuses
» qui déconcertent les théories de la science, qui, dans leur
» marche bizarre, s'affranchissent et se moquent, non-seule-
» ment des lois de la vie, mais aussi des règles ordinaires de
» la mort?
» Dieu a voulu qu'il y eût des tempêtes dans la nature,
» parce qu'il y a de coupables orages dans le cœur de l'homme:
» les fléaux pestilentiels ont été prédestinés à punir les épidé-
» mies qui ravagent les âmes; en un mot, le mal moral dans
» sa marche à travers le monde, est condamné à traîner sur
» ses pas des maux physiques, comme un corps en mouvement
» traîne son ombre après lui. Dieu a jugé qu'un univers maté-
» riel, qui ne serait que le serviteur de sa bonté, serait moins

» digne de sa sagesse que celui qui est aussi le ministre de sa
» justice. » (*L'Univers*, 2 novembre 1849.)

Finisons par ces paroles empruntées au Mandement de Mgr Augebault, Evêque d'Angers, du 20 décembre 1854, sur l'Immaculée Conception.

« Et que vous dirons-nous maintenant, N. T. C. F., sinon
» que Marie nous rendra en bienfaits ce que nous lui offrirons
» en hommages? Et dans quel moment pourrait-elle mieux
» payer cette dette de son cœur maternel? L'Europe est livrée
» depuis du temps déjà au triple fléau de la peste, de la guerre
» et de la famine, ces terribles messagers de la colère de Dieu.
» La mort qui plane sur l'Orient répand le deuil au milieu de
» nous. La victoire n'a pas assez de lauriers pour cacher ces
» cyprès funèbres. Du milieu des orages, Marie apparaît radieuse
» et toujours pure ; sur sa tête brille une couronne resplendis-
» sante d'une auréole nouvelle.
» Soyez bénie, ô Marie ! *Benedicta tu in mulieribus*. Toujours
» votre nom a été entouré de bénédictions et accompagné
» d'espérance. Marie, oh ! elle a été bénie par la femme, qu'elle
» a arrachée à l'ignominie et à l'esclavage ; bénie par la jeune
» fille, qui, avec la candeur de son âge, vient parer son autel
» de fleurs fraîches comme son innocence ; bénie par l'infirme,
» qui, joyeux, dépose aux pieds de son image vénérée le bâton
» qui soutenait sa faiblesse ; bénie par le pauvre qui l'appelle
» la *Consolatrice des affligés* ; bénie par le soldat, qui est invin-
» cible quand il porte ses livrées, qui place sa médaille sur son
» cœur comme cette croix qui est pour lui le signe de l'honneur,
» et qui, défendant son drapeau, invoque Notre-Dame des
» Victoires : *Benedicta tu in mulieribus.* Vous savez, N. T. C. F.,
» comment a été saluée, acclamée sur notre flotte son image
» bénie, donnée par une main auguste. Les voix mâles des
» marins, que rien ne fait fléchir, pas même le danger, ont
» fait retentir les rivages lointains des cris de joie qui sortaient

» de leurs puissantes poitrines pour saluer le portrait de leur
» Mère. Les vents de l'Orient ont apporté les expressions de leur
» foi ; les échos de notre France les ont répétés avec enthou-
» siasme, et la pauvre mère au fond de son village, en pensant
» à son fils absent, a mêlé des larmes de joie aux accents de
» sa douleur.

» O Marie, soyez bénie! Que toutes le villes, toutes les
» campagnes, tous les hameaux, toutes les bouches, tous les
» cœurs bénissent, exaltent le nom de Marie IMMACULÉE. *Bene-*
» *dicta tu in mulieribus !* »

(L'Univers, 6 janvier 1855.)

UN DERNIER MOT.

Cher lecteur, en commençant ce petit ouvrage, nous vous avons demandé comme une faveur d'avoir la complaisance de nous lire avec attention jusqu'au bout, pour ensuite nous juger avec impartialité et sans prévention ; vous nous permettrez maintenant de vous adresser un dernier mot en finissant.

Que devons-nous penser du miracle de la Salette ?

L'homme raisonnable, l'homme sensé doit-il l'admettre comme un fait prouvé, réel et incontestable ? Nous vous établissons juge entre ce qu'ont dit et ce qu'ont fait les opposants pour l'attaquer, l'ébranler et le détruire, et ce que le bon sens, la raison, la justice et la vérité exposent pour le défendre et le maintenir. Nous n'avons pas cher- ché à déguiser, à pallier, ou à affaiblir la force de leurs raisonnements; nous les avons exposés avec franchise, et nous y avons répondu avec simplicité, clarté, solidité, et j'ajouterai, d'une manière irrésistible. La chose ne nous était pas difficile.

L'événement de la Salette repose sur trois témoignages irréfragables, que tout homme sensé est forcé d'admettre, à moins qu'il ne veuille toujours planer dans le vague et dans l'incertain. Ces trois témoignages sont : 1° le témoignage des hommes; 2° le témoignage de l'Autorité diocésaine; 3° le témoignage de Dieu.

1° *Témoignage des hommes.*

C'est une *chose remarquable*, qui a paru à tous comme une preuve convaincante de la réalité du *fait*, et qui plus tard a fait la base du jugement doctrinal de l'Autorité ecclésiastique, que cet *accord* universel et cette *rapidité* merveilleuse avec lesquels l'événement de la Salette a été admis par l'univers. Marie apparaît à la Salette avec un rayon de gloire, et aussitôt les rayons de son étoile sont aperçus depuis l'Orient jusqu'à l'Occident.

C'est une *chose remarquable*, disent tous les historiens de la Salette, et avec eux tous les pélerins qui ont eu l'honneur de voir la sainte montagne et de visiter les lieux sanctifiés par les pas de la belle Dame, que cette *conformité* et cette *unanimité* de sentiments parmi tous ceux qui ont pris la peine de faire le pèlerinage de la Salette. Sur la montagne privilégiée, dit-on, on n'a jamais rencontré la moindre opposition. On y a vu monter des incrédules, on n'en a jamais vu redescendre un seul. Il y a donc sur la montagne des monuments qui persuadent. Il y a donc sur la montagne une force d'argumentation contre laquelle se brise toute espèce d'argument qui tendrait à faire naître un soupçon de fausseté sur la réalité du *fait*. On pourrait appliquer à la Salette le raisonnement que fit N. S. Jésus-Christ aux disciples de saint Jean-Baptiste, qui vinrent lui demander, au nom de leur maître, s'il était réellement le Messie, ou s'il fallait en attendre un autre. Jésus ne leur dit point qu'il était le Messie promis, mais après avoir, à l'heure même et sous leurs yeux, rendu la santé à beaucoup de malades, délivré plusieurs possédés et restitué l'usage de la vue à plusieurs aveugles, il leur dit : *Allez dire à Jean ce que vous avez entendu et ce que vous avez vu : les aveugles voient, les boiteux marchent, les lépreux sont guéris, les sourds entendent, les morts ressuscitent, les pauvres sont évangélisés, et bienheureux est celui pour qui je ne serai point un sujet de scandale* (S. Jean, c. 7, v. 20, 21, 22 et 23).

Bienheureux est celui qui ne verra point dans le miracle de la Salette un sujet de scandale, une œuvre de Satan, mais une grâce nouvelle, un précieux avertissement, dirons-nous aussi nous-mêmes à ceux qui ont entendu parler de l'apparition de la Reine du Ciel sur une montagne de la chaîne des Alpes.

C'est aussi la réponse que nous fit sur la montagne du prodige un ecclésiastique spirituel et judicieux du diocèse d'Angoulême, avec qui nous nous sommes rencontré à l'anniversaire de 1853. Lui ayant demandé ce qu'il aurait à répondre, à son retour à Angoulême, aux incrédules, aux indifférents et aux opposants, il nous dit : « Je n'ai

» qu'une réponse à faire à tous ; elle est courte et simple.
» Je leur dirai à tous : Monsieur, madame, mademoi-
» selle, vous ne croyez pas à la Salette, dites-vous, eh
» bien, allez-y un jour d'anniversaire, et, à votre retour,
» vous viendrez me dire si vous y croyez. »

S'adressant ensuite à son compagnon de voyage, il
ajouta : « Nous sommes venus de loin pour voir la Salette,
» nous avons parcouru tous les rangs des pèlerins, nous
» avons lu avec attention sur tous les fronts, et il nous a
» été impossible de surprendre un signe d'incrédulité.
» Parmi cette multitude d'hommes et de femmes assem-
» blés pêle mêle, au nombre de dix mille, nous n'avons
» rien vu, rien entendu qui paraisse répréhensible. Qu'on
» est donc bien sur cette montagne ! Nous sommes con-
» vaincus qu'au pied de la montagne il y a une force
» surnaturelle qui en écarte les passions humaines, et que
» Marie ne permet pas à Satan d'y monter avec ses
» enfants. C'est vraiment un paradis, c'est un nouveau
» Thabor ! »

Voilà comment raisonnent la presque universalité des
pèlerins. Or, en bonne logique, on ne doit jamais soupçonner la bonne foi d'un témoin, jusqu'à preuve du contraire ; donc, si tous les témoins oculaires et auriculaires,
qui se sont transportés sur le théâtre de l'événement, attestent unanimement leur intime persuasion comme favorable à la réalité de l'apparition, tout homme qui raisonne
avec sagesse, est obligé de l'admettre sur leur témoignage. Agir autrement, c'est en quelque sorte insulter au
témoignage des hommes, c'est aussi insulter à sa raison
propre et personnelle, à qui cependant il suffit de deux ou

trois témoins pour juger même en matière capitale, d'après les règles du droit civil et du droit canonique. La croyance au miracle de la Salette a donc pour première base le témoignage des hommes.

2° *Témoignage de l'Autorité diocésaine.*

Lorsque au témoignage des hommes se joint le témoignage d'une autorité imposante, dont le jugement doit servir de règle aux simples fidèles, la certitude, ou plutôt la vérité d'un fait, acquiert un droit de plus à notre croyance.

Or, l'événement de la Salette, après avoir triomphé pendant cinq ans de toutes les attaques de l'incrédulité, de toutes les arguties du rationalisme, a été sanctionné par un jugement solennel de l'autorité ecclésiastique. La discussion peut être permise dans la question d'un fait admis par les uns et repoussé par d'autres; mais lorsque l'autorité compétente a parlé, après avoir informé selon les règles du droit, il ne doit plus être permis de discuter dans le sens contraire à la décision de l'autorité légitime. Et si cette décision, par rapport au fait de la Salette, ne devient point un article de foi, parce que la question n'est point du domaine de la foi, du moins elle impose et commande le respect à tous. Si donc le tribunal diocésain de Grenoble, seul compétent pour juger le miracle de la Salette, a porté une décision canonique constatant la réalité du miracle, personne n'a plus le droit de s'insurger contre le fait.

Si ensuite cette décision de l'autorité locale vient à être

connue par le tribunal suprême de la cour de Rome, qui y ajoute son approbation par quelque acte de sa haute juridiction, nul doute que cette décision ne devienne pour tous une règle infaillible de conduite. Or, nous avons prouvé, à la vingt-troisième objection, page 121, que l'autorité diocésaine a provoqué auprès de la cour de Rome, et obtenu de sa suprême juridiction, des actes qui montrent que le souverain Pontife a reconnu le miracle de la Salette, et qu'il lui a porté jusqu'ici le plus vif intérêt. Nous pouvons même ajouter sans crainte que nul n'a mieux compris et ne connaît mieux le fait de la Salette que le Saint-Père; il l'a clairement montré en ordonnant des prières publiques dans la ville de Rome pendant un mois, le 2 novembre 1851, pour la trop coupable France, et en donnant un nouveau Jubilé en 1852, presque immédiatement après le grand Jubilé de 1851, pour nous épargner, ou du moins pour adoucir les fléaux destinés à punir notre apostasie.

3° *Témoignage de Dieu.*

Jamais apparition miraculeuse n'eut un but plus saint, plus salutaire, plus universel et plus approprié aux besoins de l'époque, et jamais non plus Dieu ne donna son approbation d'une manière plus sensible qu'au fait de la Salette, tantôt par de vrais miracles, tantôt par des faveurs signalées, tantôt par des châtiments exemplaires. Cette manifestation du Ciel en faveur de la Salette est le dernier cachet de vérité que l'on puisse ajouter à l'authenticité de ce grand événement. Vous y croirez donc, cher lecteur, parce que vous voulez vous montrer raisonnable, juste et reconnaissant.

Marie nous établit ses Missionnaires.

Mais il est un dernier mot qui n'a été encore compris jusqu'ici que par un bien petit nombre de personnes. Puissiez-vous le comprendre, cher lecteur, et vous joindre à nous pour le répéter jusque sur les toits et le bien faire comprendre à ceux de nos frères qui dorment du sommeil de l'indifférence. Le voici : Non-seulement la belle Dame nous invite tous à la pénitence, pour apaiser la colère de son Fils et faire cesser les fléaux ; mais, par les dernières paroles de son noble discours, elle nous constitue tous les *missionnaires* de sa charité et de sa maternelle sollicitude pour ses enfants. Oui, qui que nous soyons, prêtres ou laïques, hommes ou femmes, savants ou ignorants, Marie nous établit tous ses apôtres et ses missionnaires, par ces mots peu compris jusqu'ici : « *Eh bien, mes enfants, vous* » *le ferez passer à tout mon peuple.* »

Notre devoir n'est donc pas de croire seulement au miracle de l'apparition de Marie à la Salette, mais bien surtout de le publier chacun en notre manière, afin qu'étant averti à temps, le peuple puisse, par de salutaires fruits de pénitence, éviter les menaces et mériter les promesses.

PRIÈRE A MARIE.

O Marie! Quand le bruit de votre manifestation à deux pauvres bergers des Alpes parvint à mes oreilles avec la rapidité de l'éclair qui paraît de l'orient à l'occident, mon esprit fut lent à se convaincre. Sans nier cette insigne faveur, je crus qu'il était prudent de ma part de ne pas admettre sans autre preuve que l'enthousiasme des peuples une si étonnante merveille. J'ai voulu examiner, j'ai voulu écouter, interroger et voir; j'ai eu l'honneur de converser à mon aise en présence de graves témoins avec les deux heureux et innocents apôtres, que vous avez choisis pour porter à votre peuple la bonne nouvelle de votre mystérieuse visite; j'ai recueilli de leurs bouches encore enfantines, à l'aide d'un crayon, avec un religieux respect et une scrupuleuse attention, les salutaires avertissements que vous êtes venue en personne nous donner à tous de la part de votre adorable et divin Fils, alors trop irrité par nos crimes, mais toujours prêt à nous pardonner; enfin j'ai vu les lieux désormais mille fois bénis par votre sainte présence et arrosés par vos larmes; et maintenant, ô Marie, l'amour que voudrait vous porter le dernier de vos serviteurs, le plus indigne de vos enfants, m'a fait concevoir l'idée de me mêler à ceux qui ont déjà si dignement et si éloquemment travaillé à publier les merveilles de votre apparition parmi nous. Je vous demande pardon, ô Marie, d'une si grande témérité; ne me l'imputez pas, ô Mère tendre, par la considération du désir que j'éprouve que vos larmes amollissent nos cœurs endurcis, et que vos paroles attendrissent et gagnent nos âmes, afin que vos larmes mêlées aux nôtres nous purifient et nous obtiennent miséricorde. Ainsi soit-il.

EMPLACEMENT

DU SANCTUAIRE DE LA SALETTE.

STYLE ROMANO-BYSANTIN.

L'église dédiée à l'apparition miraculeuse de Notre-Dame de la Salette est bâtie sur le plateau le plus rapproché du lieu de l'apparition et le plus favorable à une construction quelconque, situé au midi de la fontaine. On compte à peu près 70 mètres de la grande porte de l'église à la fontaine. Cette église est tournée du nord au midi, c'est-à-dire qu'elle regarde la fontaine qui flue dans le ravin au nord à 70 pas plus loin. Elle a 45 mètres de long et 17 mètres de large. La nef a deux rangs de quatre colonnes chacun. Au côté droit du sanctuaire vers le couchant est adossé l'hôtel des pèlerins, et au côté gauche au levant est adossé l'hôtel des Pères missionnaires qui desservent le nouveau sanctuaire. Le tout est bâti en pierre noire tirant un peu sur le bleu; ce qui en rend l'aspect sévère et majestueux. De la grande porte de l'église au monument de l'ascension on compte 52 mètres.

MONUMENT DE L'ASCENSION.

En face du sombre et majestueux sanctuaire, à 52 pas plus loin vers le nord s'élève le petit mais gracieux monument destiné à marquer l'endroit où la belle Dame a disparu aux regards des bergers. Ce monument qui n'est distant que de 35 mètres de la fontaine, n'a que 5 mètres de long sur 4 mètres de large mesuré en dehors. Il est tourné du midi au nord et regarde le sanctuaire. Ce monument a trois façades et trois ouvertures égales de 1 mètre 25 centimètres de large sur 3 mètres de haut. Le chœur a la forme d'une coquille. Ce monument, d'une élégance remarquable et qui a quelque ressemblance avec l'exposition d'un maître-autel, supporte un bloc de pierre carré sur lequel doit reposer la belle statue représentant la Dame parlant aux bergers et disparaissant ensuite.

Le tout est en jolie pierre blanche polie, sauf les socles des colonnes et le sous-bassement qui sont en pierre noire.

La vue de ces deux monuments bâtis sur le même style et rappelant une même chose, mais formant un contraste admirable par la couleur et la dimension, frappe merveilleusement les yeux du pèlerin et commence à ravir délicieusement son âme.

TABLE DES MATIÈRES.